NOTICE

SUR LA SAINTE-BAUME

NOTICE

SUR LA

SAINTE-BAUME

Par M. L ROSTAN

CORRESPONDANT
DU MINISTÈRE DE L'INSTRUCTION PUBLIQUE
POUR LES TRAVAUX HISTORIQUES

2ᵉ ÉDITION

CET OUVRAGE
SE TROUVE UNIQUEMENT A LA SAINTE-BAUME.

Au nombre des pèlerinages les plus célèbres du monde chrétien, on doit, avec juste raison, compter la Sainte-Baume, cette poétique montagne de Provence, à laquelle se rattachent tant de religieux souvenirs.

Depuis 1859, le rétablissement des Frères-Prêcheurs auprès de ce saint asile, dont ils avaient été pendant si longtemps les vigilants gardiens, a jeté un éclat nouveau sur le culte de ce lieu vénéré, et lui a attiré un grand concours de visiteurs. Il nous parut utile, à cette époque, d'en redire l'histoire et d'en raconter les pieuses légendes, dans une notice que nous rééditons aujourd'hui avec de nombreuses rectifications.

Il ne manque certainement pas d'écrits sur la Sainte-Baume ; et il n'y a pas de longues années encore que le monde savant s'est ému à l'apparition du grand ouvrage de M. l'abbé Faillon sur l'apostolat des Saints de Provence, dans lequel la Sainte-Baume occupe naturellement une place importante. Nous y avons largement puisé ; nous avons aussi compulsé les travaux des autres auteurs et les importantes archives du couvent de Saint-Maximin, afin de réunir par ordre chronologique les faits historiques concernant cette sainte Retraite.

En publiant de nouveau cette notice, nous ne faisons, du reste, qu'obéir à la direction générale des idées de l'époque, qui recherche les anciennes traditions, et entoure d'une vive sympathie les lieux qu'elles ont consacrés. Nous accomplissons en même temps une sorte de tâche personnelle envers une œuvre d'Archéologie locale qui nous tient essentiellement à cœur, car l'histoire de la Sainte-Baume a de si intimes rapports avec celle de l'église de Saint-Maximin, qu'il est difficile de s'occuper de l'une sans porter ses regards sur l'autre ; toutes deux se confondent dans une commune origine et brillent de l'éclat des mêmes souvenirs.

Nous divisons notre travail en trois parties : la première est consacrée au récit de la tradition provençale ; la deuxième, à la description des lieux et des monuments qui s'y trouvent ; la troisième, à l'histoire de la Sainte-Baume, depuis l'origine de son culte jusqu'à nos jours.

Nous reproduisons dans les notes toutes les inscriptions qui existaient jadis, et qu'a fait disparaître la main du temps ou des révolutions.

Nous donnons toutefois à cet opuscule les proportions les plus restreintes pour le mettre à la portée de tous. Puissions-nous contribuer, pour notre part, à faire revivre envers cet antique pélerinage l'enthousiasme et les respects des âges passés !

Mars 1877.

NOTICE

SUR LA SAINTE-BAUME

I

TRADITION

La Sainte-Baume est sans contredit le lieu le plus vénéré de la Provence. La poétique singularité du site, les mâles beautés de la nature, le luxe sévère de la végétation, ajoutent encore à l'intérêt des souvenirs religieux et historiques qui consacrent cette pieuse solitude et lui donnnent un si grand prestige sur les imaginations.

On désigne sous le nom de Sainte-Baume, du mot provençal *Baoumo*, grotte, une montagne du département du Var, où se trouve la grotte célèbre qui, d'après la tradition, aurait servi d'asile à sainte

Marie-Madeleine, la pécheresse de l'Evangile, durant ses longues années de pénitence.

« Cette croyance, admise pendant le cours des siècles comme une vérité historique hors de toute discussion (1), fut hardiment combattue au XVIIe siècle par le docteur Launoy, dont les opinions ont eu un retentissement qui s'est prolongé jusqu'à nos jours ; car depuis cette époque, des écrivains ecclésiastiques recommandables ont souvent révoqué en doute la réalité de la tradition provençale, devenue ainsi le sujet de bien nombreuses controverses. Et si cette croyance a trouvé de zélés partisans, elle n'a pas manqué non plus d'adversaires ; les uns l'ont en effet chaudement défendue, tandis que les autres l'ont rejetée complètement. Il en est aussi qui ont voulu établir une distinction entre Marie de Béthanie, sœur de Marthe et de Lazare, et Marie-Madeleine la pécheresse ; d'après ceux-ci, cette dernière serait morte à Ephèse, où elle aurait accompagné la

---

(1) Nous nous permettons de reproduire ici ce que nous avons déjà dit dans notre *Notice sur l'église de Saint-Maximin*. 1859.

sainte Vierge ; l'empereur Léon-le-Philosophe aurait transféré ses reliques à Constantinople ; et Marie de Béthanie, que les évangélistes nomment Marie, mais jamais Madeleine, serait celle dont on honore le tombeau à Saint-Maximin. D'autres encore, sans se préoccuper de l'antiquité de la tradition, ont pensé que la sainte dont on vénère les reliques dans nos contrées, était tout simplement une religieuse cassianite, du nom de Madeleine, qui, dans VIII° siècle, à l'époque de l'invasion des Sarrasins, aurait échappé au massacre que ceux-ci firent de ses compagnes, et, réfugiée dans la solitude, s'y serait rendue célèbre par ses austérités et sa pénitence. La discussion a été vive sur ce point, et la critique historique des derniers siècles, en repoussant tout ce qui se rattache aux origines primitives du Christianisme dans les Gaules, devait nécessairement porter une rude atteinte à la tradition de l'apostolat des Saints de Provence (I)

(1) Cette tradition des origines primitives du christianisme dans les Gaules, après avoir été

» Ce n'est que par une salutaire réaction de notre époque et par des travaux plus sérieux sur cette matière, que cette ancienne tradition est aujourd'hui, pour ainsi dire, relevée de ses ruines et se trouve affermie sur les plus solides bases. Un grand ouvrage de science hagiographique, fruit d'innombrables recherches, publié, il y a bientôt trente ans, par un homme d'une vaste et profonde érudition, M. l'abbé Faillon, paraît avoir victorieusement combattu toutes les erreurs qui en obscurcissaient l'origine, en exposant d'une manière peu contestable la vérité du séjour de sainte Marie-Madeleine en Provence, ainsi que des autres Saints considérés comme les premiers apôtres de ce pays, saint Lazare,

---

généralement méconnue depuis le XVIIe siècle, se trouve aujourd'hui hautement réhabilitée. Les textes mal interprétés de saint Grégoire de Tours et de Sulpice-Sévère qu'invoquaient Launoy et le P. Sirmond, ont été réduits à leur juste valeur par la critique moderne. (V. Faillon, *mon. inéd.* II. 349; et aussi la savante discussion de l'abbé Darras sur cette question: *la foi dans les Gaules*, hist. génér. de l'Église, T. V. ch. 11 et T. VI. ch. 6.)

saint Maximin, sainte Marthe et les saintes Maries, Jacobé et Salomé (1).

(1) Monuments inédits sur l'apostolat de sainte Marie-Madeleine en Provence et sur les autres apôtres de cette contrée, etc...
M. L'abbé Faillon a fourni des documents qui constatent le cours de cette tradition à une époque très-ancienne, entr'autres un écrit de Raban-Maur, archevêque de Mayence, qui vivait à la fin du VIIIe et au commencement du IXe siècle, écrit existant dans la Bibliothèque d'Oxfort et jusqu'alors inédit, duquel il résulte que l'apostolat des Saints de Provence était admis partout sans contradiction comme un fait immémorial, non seulement au IXe siècle, mais même dans des âges beaucoup plus reculés, ainsi que le prouve une ancienne vie de sainte Madeleine, écrite probablement au Ve ou au VIe siècle. Cette vie, textuellement insérée dans l'écrit de Raban-Maur, a été retrouvée aussi sur des manuscrits du Xe siècle, conservés aux bibliothèques nationale et de Sainte-Geneviève. M. l'abbé Faillon invoque de plus, à l'appui de l'opinion qu'il défend, un grand nombre d'anciens monuments bâtis ou sculptés, parmi lesquels les sarcophages de l'Eglise de Saint-Maximin, qui remontent indubitablement aux premiers siècles du Christianisme, et qui concourent, selon nous, admirablement au résultat que s'est proposé l'auteur : de prouver la vérité de la tradition par son antiquité même.

Parmi les allégations qui ont été produites par les contradicteurs de M. Faillon, il en est une qui déclare apocryphe l'écrit de Raban-Maur, et le prétend du XVe siècle ; cependant

Sans faire l'histoire de tous les débats qui ont eu lieu à ce sujet depuis deux siècles, les Bollandistes modernes, qui ont eux-même élevé des difficultés sur l'authenticité de cet écrit, reconnaissent qu'il a été réellement composé au siècle où vivait Raban et cette opinion suffit pour établir la thèse de M. Faillon. Ces hagiographes ont même fourni une nouvelle preuve de l'ancienneté de ce document qui avait échappé au savant sulpicien ; mais ce qui prouve d'une manière incontestable qu'il n'est pas du XVe siècle, comme on l'a supposé si gratuitement, c'est qu'il en existe diverses autres copies dans les monuments d'une époque bien antérieure, retrouvées par M. Faillon lui-même, après la publication de son grand ouvrage, dont l'une à la bibliothèque de Londres, une autre à celle de Troyes et une troisième à la bibliothèque de l'école de Médecine de Montpellier, provenant de l'abbaye de Saint-Bénigne de Dijon. Ce dernier manuscrit date du XIIe siècle, d'après l'indication du Catalogue imprimé par ordre du gouvernement et rédigé par un érudit qui fait autorité ; or comme ce manuscrit se trouve dans un recueil de vie de Saints, en plusieurs volumes, du XIIe siècle, on peut sans hésitation en conclure que cette vie de sainte Madeleine par Raban-Maur existait nécessairement, quand ce recueil a été composé, et ce seul fait suffit pour renverser tout l'échafaudage des allégations si témérairement avancées et qui ne sauraient résister à l'examen d'une consciencieuse critique.

(Voir notre lettre à M. de Caumont sur cette question. Aix. (1868.)

ce qui nous entraînerait certainement hors des limites du cadre que nous voulons nous tracer, nous accepterons la tradition, telle qu'elle a été constamment adoptée par les Églises de Provence ainsi que par la liturgie romaine, et telle que l'admet aujourd'hui la science historique, d'accord avec la croyance populaire la plus généralement répandue. »

Au surplus, pourquoi irions-nous porter le scalpel d'une froide et impuissante critique dans les entrailles d'une tradition consacrée par la foi vivace des siècles et qui a si profondément remué la fibre religieuse de nos pères ? (I)

Selon cette tradition, après la mort de Jésus-Christ et sa divine résurrection, les Juifs, effrayés des progrès rapides que la foi nouvelle faisait dans Jérusalem, susci-

---

(1) « Il y a, dit Mgr. Dupanloup, quelque chose de plus fort et qui parle plus haut pour moi que les livres et que la science, c'est la tradition et l'affirmation d'un peuple et ici la tradition est vivante, constante, unanime : c'est un pays tont entier qui la proclame..... » (allocution pour la restauration de la Sainte-Baume, chez la Duchesse Pozzo di Borgo.)

tèrent une terrible persécution, dont le martyre de saint Étienne fut pour ainsi dire le signal. Madeleine la pécheresse, dont la conversion avait fait tant de bruit dans la Judée, ne fut point à l'abri de l'orage ; jetée un jour de tempête dans une barque sans voiles, sans rames et sans gouvernail, avec son frère Lazare, Marthe sa sœur, Marcelle leur servante, Sidoine l'aveuglené, Maximin, l'un des soixante-douze disciples, les deux Maries, Jacobé et Salomé, ainsi que plusieurs autres encore, elle fut exposée, avec tous ces nobles confesseurs, aux horreurs d'une mort qui semblait devoir être certaine. Mais la sainte nacelle, loin d'être submergée par les flots, vit au contraire s'apaiser autour d'elle la fureur de l'élément, et protégée par la Providence dans sa longue et périlleuse navigation, vint aborder sur les côtes de Provence, à l'embouchure du Rhône, au lieu nommé *les Saintes-Maries* ou *Notre-Dame-de-la-Mer*. (1) C'est là que s'arrêtèrent Marie,

(1) M. Lenthéric, dans son remarquable ouvrage sur *les Villes mortes du golfe de Lyon*,

mère de Jacques et Salomé, tandis que les autres saints disciples se répandirent dans divers pays pour prêcher leur religion : Maximin à Aix, dont il fut le premier évêque ; Marthe à Tarascon, qu'elle délivra d'un horrible monstre ; Lazare et Madeleine à Marseille. Cette ville était à cette époque une des métropoles de la civilisation ; de tous les points de l'empire romain on venait à ses écoles étudier les lettres et la philosophie. Madeleine s'y rendit célèbre par ses prédications ; après y avoir fait de nombreuses conversions et de grands miracles, elle voulut se réfugier loin des regards du monde, au sein d'une montagne recouverte d'un forêt mystérieuse et sombre, aujourd'hui appelée la *Sainte-Baume*, à

---

a bien victorieusement réfuté les objections scientifiques qui opposent à la tradition chrétienne la non existence du territoire des Saintes Maries au premier siècle de notre ère. Ce savant ingénieur démontre par l'étude géologique et hydrographique des variations du littoral de la Camargue, que loin de s'avancer en mer, cette partie du littoral recule d'une manière lente et continue et que ce régime est établi depuis près de vingt siècles. (ch. 12. p. 410 à 432. - art. 1776.)

cause de la grotte où elle passa environ trente-trois ans de sa vie, dans la pratique de la plus austère pénitence. Sept fois par jour les anges venaient la visiter dans cet asile sauvage et l'élevaient au sommet de la montagne, pour lui faire ouïr les accords célestes. A l'approche de ses derniers moments, ils la transportèrent près du lieu de retraite de l'évêque Maximin, alors obscur établissement, connu plus tard sous le nom de ce saint pontife. Déposée non loin de la voie Aurélienne, à l'endroit même où, pour conserver ce souvenir, on a construit dans les siècles passés le monument appelé *Saint Pilon*, elle se rendit de là dans l'oratoire du vénéré disciple, afin de recevoir la communion de ses mains, et peu d'instants après rendit le dernier soupir, laisant derrière elle, dit la Légende dorée, *une odeur si suave que l'oratoire en resta tout embaumé durant sept jours.* »

C'est donc au sein de cette sauvage retraite de la Sainte-Baume que la grande pécheresse d'Orient devint la sainte pénitente des Gaules et qu'elle racheta ses fautes passées par une immense expiation, en donnant au monde l'exemple encore tout nouveau d'un sublime triomphe, celui de l'esprit sur la chair. Les solennelles et poétiques harmonies de cette solitude devaient bien convenir à l'âme ardente et contemplative de Madeleine, à ses saintes extases, aux brûlantes aspirations de son cœur.

La *Légende dorée* raconte que « Madeleine,
» avide de se consacrer à la contemplation,
» se retira sur une montagne escarpée, et
» resta trente ans dans un endroit qu'a-
» vaient préparé les mains des anges..... et
» chaque jour, rassasiée de cette nourriture
» délicieuse qui lui venait par le ministère
» des anges, elle n'avait besoin d'aucun
» aliment terrestre. Un prêtre qui voulait
» se vouer à la vie solitaire, se prépara une
» cellule à douze stades de là. Un jour, le
» Seigneur ouvrit les yeux de ce prêtre, et
» il vit alors quatre anges qui descendaient
» à l'endroit où se tenait la bienheureuse
» Madeleine, et ils l'enlevèrent dans les
» airs ; et, au bout d'une heure, ils la rap-
» portèrent en chantant les louanges de
» Dieu. Le prêtre, voulant s'assurer de la
» vérité de cette vision, se recommanda à

» Dieu par la prière, et il avança résolument
» vers l'endroit où était Madeleine ; et
» quand il en fut à un jet de pierre, ses
» jambes commencèrent à trembler, et le
» cœur lui manqua d'effroi ; et quand il
» voulait se retirer, il retrouvait ses forces ;
» mais quand il faisait quelque mouvement
» en avant, il ne pouvait se soutenir ; et il
» comprit que c'était un lieu saint dont
» l'accès était interdit aux hommes. Ayant
» invoqué le nom du Sauveur, il s'écria :
» — Je t'adjure, au nom de Dieu, toi qui
» habites dans cette caverne, si tu es une
» créature raisonnable, de me répondre et
» de dire la vérité. Et quand il eut trois
» fois répété ces mots, la bienheureuse Ma-
» deleine lui répondit : — Approche-toi et
» ce que tu désires savoir tu l'apprendras.
» Et lorsque, tremblant, il se fut avancé
» au milieu de la distance, elle dit : — Tu
» te souviens d'avoir lu dans l'Evangile
» l'histoire de Madeleine, cette fameuse
» pécheresse, qui arrosa de ses larmes les
» pieds du Sauveur, et qui obtint le pardon
» de ses fautes. — Ce prêtre répondit : Je
» le sais, et depuis plus de trente ans, on

» croit qu'elle n'existe plus sur la terre.
» Et elle répliqua : C'est moi qui vis ici
» ignorée des hommes, et chaque jour, je
» suis portée au ciel, ainsi que tu l'as vu
» hier, par les mains des anges, et j'entends
» les concerts des légions célestes (1). »

Les anciens auteurs provençaux qui ont écrit sur ce sujet, rapportent une foule de merveilleux épisodes relativement au séjour de l'illustre pénitente à la Sainte-Beaume. D'après le P. Vincent Reboul (2), Madeleine demanda à Dieu de lui indiquer un lieu retiré où elle ne fût plus interrompue dans l'exercice de la contemplation. Sa prière fut exaucée et elle fut enlevée sur les ailes des anges qui la transportèrent dans la sainte caverne, alors habitée par un dragon furieux qui s'apprêtait à la dévorer. Le P. Cortez (3) donne même la fabuleuse description de ce monstre formidable, aux

---

(1) Jacques de Voragine. *Légende dorée.* Traduction de G. B. t. 1, pages 164 et 165.

(2) *Histoire de la Vie et de la mort de sainte Marie-Madeleine,* chap. IV.

(3) *Histoire de la Vie et de la Mort de sainte Marie-Madeleine,* chap. XIV et XV.

horribles formes et aux fétides puanteurs, que l'archange saint Michel, vaillant protecteur de la sainte, combattit et chassa sur les rives du Rhône, où sainte Marthe devait le terrasser. Il y a véritablement quelque chose de dramatique et d'émouvant dans cette peinture des terreurs de Madeleine à l'aspect de l'épouvantable dragon ; mais heureusement que par un élan sublime de son cœur, la sainte amie du Sauveur invoque le secours divin, et l'archange saint Michel accourt aussitôt pour la délivrer.

Ces historiens se plaisent à raconter l'existence toute surnaturelle de Marie-Madeleine à la Sainte-Baume. Les détails fournis par eux sont pour la plupart puisés dans le récit du B. Elie, l'un des premiers religieux de l'ordre de Saint-Dominique, établis dans cette retraite, et qui l'a habitée pendant de longues années. Ces détails étaient consignés dans un Recueil conservé au couvent de Saint-Maximin ; c'est là que les ont puisés divers auteurs.

Ces auteurs racontent que le B. Elie, accablé d'années et sentant sa fin approcher, se fit transporter dans la grotte, et là, entouré par les religieux, il assura qu'un mois après son arrivée à la Sainte-Baume, cette solitude lui était tellement à charge qu'il avait résolu de la quitter, lorsque sainte Madeleine lui apparut dans tout l'éclat de sa céleste splendeur, et vint elle-même l'encourager à demeurer dans ce désert, en lui révélant les particularités de sa vie pénitente. Elle lui dit, entr'autres choses : « ..... Elie, après mon arrivée en Provence, quand la ville de Marseille fut convertie à la foi chrétienne, je demandai à Dieu de me retirer du tumulte du monde, et je fus en effet miraculeusement transportée dans cette solitude qu'habitait un effroyable dragon dont l'archange saint Michel vint me délivrer. Après le départ de mon céleste défenseur, je demeurai tout effrayée et pourtant satisfaite de me voir en un lieu inaccessible aux pas des hommes ; alors fondant en larmes, je me jetai à terre et adorant Jésus-Christ, je lui dis : je vous remercie, mon Sauveur, d'avoir accompli mes désirs, mais je vous adresse encore une prière : c'est de faire couler pour moi une fontaine, de cet aride rocher.

Aussitôt les flancs de cette caverne s'ouvrirent et une eau limpide en découla ; pendant que, prosternée, je rendais grâce à Dieu de cet insigne bienfait, j'entendis autour de moi une foule d'esprits qui chantèrent en Hébreu les cantiques de l'amour divin, et comme ils terminaient leur chœur en se riant de mes oraisons, je reconnus bien vite que c'était des démons ; j'invoquai immédiatement le nom de Jésus, et l'archange saint Michel accourut de nouveau avec ses légions pour disperser cette horrible phalange. L'ayant bientôt mise en fuite, l'archange plaça une croix à l'entrée de la grotte et me dit : Ne craignez plus désormais, parce que le Seigneur sera votre gardien ; il disparut en même temps et je tombai à genoux devant la croix ; mais trop émue en ce moment pour appliquer mon esprit à l'oraison, j'allai cueillir deux racines à l'entrée de la grotte ; après les avoir lavées, je les mangeai et bus ensuite de l'eau de la fontaine ; ce fut là le dernier aliment terrestre auquel je goûtai. Alors embrassant de nouveau la croix, je la tins serrée contre mon cœur, et elle m'apparut transparente comme du cristal, tout éclatante de lumière ; j'étais moi-même embrasée de l'amour divin, et je vis descendre une troupe d'anges si nombreuse et si joyeuse, qu'on pouvait croire que les délices de la vie éternelle remplissaient cette grotte. Je fus alors transportée en enfer où je vis les tourments des damnés, ensuite dans le purgatoire, où les pauvres âmes qui étaient en ce lieu, m'entourèrent de tant d'affection que j'en étais attendrie ; toutes se recommandaient à mes prières, et je priai pour elles, en effet, de grand cœur, afin que Dieu mît un terme à leurs souffrances.

» Mais l'ange qui me conduisait, m'ayant de nouveau ramenée au pied de la croix, me dit : Madeleine, vous demeurerez dans cette grotte, autant de temps que le Christ Notre-Seigneur a passé sur la terre; et c'est là que j'ai vécu dans la contemplation la plus profonde ; constamment les anges venaient m'y visiter, et sept fois par jour, ils me transportaient dans les airs pour me faire ouïr les harmonies du ciel. — Je n'ai point eu à redouter ici les atteintes du froid, parce que mon cœur brûlait d'un ardent amour, et quand mes vêtements s'en allèrent en lambeaux, Dieu me donna une chevelure qui peu à peu me recouvrit tout entière ; je passai ainsi les jours et les nuits à contempler avec ravissements les mystères que l'ange avait gravés sur la croix : c'etaient les histoires de sainte Anne et de saint Joachim, les touchants épisodes de la nativité du Sauveur, ceux de sa passion et de sa mort, de sa descente aux enfers, de sa glorieuse résurrection et de son triomphe céleste. Sans cesse je me nourrissais de cette divine contemplation et je versais des torrents de larmes. Or, un jour que j'allais laver, à la fontaine, mon visage tout inondé de pleurs, Jésus vint à moi et me dit : C'est pour toi, Marie, que j'ai formé ces lieux. Il m'apparut alors entouré d'une multitude d'anges portant dans leurs mains des couronnes de fleurs, des palmes et des rameaux d'oliviers. Comme sur le Thabor, la sainte humanité de mon Sauveur resplendit à mes regards et me contraignit à baisser les yeux. En vain un sentiment intérieur me portait à contempler la face divine du Christ, les rayons qui s'en échappaient m'empêchèrent toujours d'en soutenir l'éclat.

» Après m'avoir ainsi remplie de consolations et comblé mon âme de grâces, Jésus retourna au ciel, et pendant le temps que j'ai passé dans cette grotte, il a bien voulu me visiter ainsi cent dix fois.

» C'est pourquoi, Elie, reste dans cet asile, et continue à y louer le Seigueur ; un jour je viendrai t'y chercher pour te conduire au port du salut. Songe donc à persévérer jusqu'à la fin. »

Environ une heure après avoir prononcé ces paroles, le B. Élie rendit le dernier soupir ; dans ce moment les cloches sonnèrent d'elles mêmes. C'était, d'après le P. Thomas Souëges, auquel nous empruntons ces détails, le 22 juillet 1370, et le bienheureux Dominicain fut enseveli dans la grotte même (1).

---

(1) Voir, dans l'*Année Dominicaine* du P. Thomas Souëges : *La vie du B. Elie, religieux du Couvent Royal de Sainte-Madeleine, en la ville de Saint-Maximin en Provence, avec quelques particularités de la vie*

Ce récit que nous avons abrégé autant que possible, n'est point, si l'on veut, frappé au coin d'une irréprochable critique, mais il est plein de charme et de naïveté, et il fournit une merveilleuse page à la légende de sainte Marie-Madeleine ; pourquoi en dédaignerions-nous les saints et poétiques enchantements ? (1)

Madeleine vécut donc à la Sainte-Baume d'une vie toute mystique, uniquement soutenue par une nourriture divine, chaque jour tranportée dans les sphères célestes, enivrée de joies ineffables, en commerce perpétuel avec les anges et avec Dieu.

de la même Sainte. Juillet, 2e partie. MDCXCI.

Sylvestre de Prierio. *Rose d'Or.*

Louis de Grenade. 1er *Sermon de sainte Madeleine.*

Bzovius, t. 14. de ses *Annales de l'Eglise.*

P. Seraphino Razzi *vita et Laudi di S. Maria Madalena.* Ouvrage imprimé à Florence en 1687, à Naples en 1733 et à Orviette en 1839. — Le P. Seraphino Razzi vint visiter Saint-Maximin et la Sainte-Baume en 1578.

(1) Les récits légendaires, sous les naïfs embellissements dont les revêt l'imagination des chroniqueurs, renferment le plus souvent un fonds de vérité que la critique historique retrouve aisément.

Aussi une tradition constante a environné ce lieu d'hommages, et de tous temps un nombreux concours de pélerins a acquitté envers lui le tribut d'une juste vénération. L'art, de son côté, par ses conceptions immortelles, n'a pas manqué de lui donner sa sublime consécration ; la peinture et la sculpture de toutes les époques ont adopté cette pieuse légende et l'ont popularisée en la formulant dans des œuvres caractéristiques. Les ravissements de Madeleine par les anges, ses austérités dans la grotte de Provence lui ont fourni le sujet de types innombrables qui sont la manifestation plastique de la pensée des âges dans son expression la plus élevée et la plus vraie. L'iconographie chrétienne, pour représenter sainte Madeleine, l'a même dotée d'un attribut significatif, puisé encore dans la légende : c'est la chevelure. La sainte pénitente avait successivement vu tous ses vêtements se consumer, et Dieu, pour la recouvrir, avait donné une croissance miraculeuse à ses cheveux, dont les ondes ruisselantes descendant jusqu'à ses pieds, voilaient pudiquement toute les parties de son corps. Durant tous les siècles du moyen-âge l'image de sainte Madeleine nous apparaît universellement avec cette particularité remarquable. Ainsi l'art, comme l'histoire et comme la croyance populaire, proclame notre sainte tradition et lui sert de glorieux fondement.

II

DESCRIPTION.

La montagne de la Sainte-Baume est une des plus hautes de Provence (1) ; elle est recouverte, dans sa partie septentrionale, d'une magnifique forêt toute peuplée d'arbres séculaires, où l'if, le hêtre, l'érable, le tilleul, le chêne et l'ormeau croissent ensemble et forment une masse de verdure impénétrable aux rayons du soleil. Un immense rocher, qu'on dirait taillé à pic, domine majestueusement cette sombre forêt et produit l'effet le plus pittoresque ; c'est aux flancs de cette gigantesque roche que se trouve la grotte de sainte Madeleine ;

(1) Le Saint-Pilon est à une hauteur de plus de mille mètres au-dessus du niveau de la mer ; le pic des Béguines à 1,200 mètres environ.

elle est précédée d'une terrasse spacieuse d'où l'œil découvre un horizon grandiose. On arrivait anciennement à cette terase par une voûte (1) et un pont-levis aujourd'hui détruits ; à droite et à gauche de la grotte se trouvaient deux constructions, l'une servant d'hôtellerie aux voyageurs et l'autre de couvent aux religieux Dominicains. Ces anciennes constructions n'existent plus. C'est sur leur emplacement qu'a été élevé, d'un côté, le bâtiment tout récent et par trop modeste qui sert d'abri aux pélerins (2) et, de l'autre, celui plus

---

(1) Sur la porte rétablie de cette voûte, on a replacé le blason des Comtes de Provence, retrouvé dans les ruines : *d'azur, semé de france, au lambel de gueules.*

(2) La grande hôtellerie se trouve en dehors de la forêt, à la ferme des PP. Dominicains ; elle est desservie par ces religieux et les visiteurs y reçoivent le plus sympathique accueil et l'hospitalité la plus convenable.

Avant la Révolution l'hôtellerie etait affermée moyennant une rente annuelle, tout comme la boutique du chapelletier qui vendait les objets de piété.

Un arrêt du parlement, du 20 Décembre 1543, avait obligé les religieux à bailler à ferme cette hôtellerie, leur faisant inhibition et défense de la gérer eux-mêmes.

considérable, dont l'éclatant badigeon contraste avec la masse grisâtre du rocher et la sombre verdure du bois. Ce dernier date de la restauration des lieux en 1822 ; et l'aspect original de cette habitation posée sur une saillie du roc ajoute puissamment à l'effet du site. La façade en a été dernièrement reculée pour dégager les abords de la grotte et on l'a rétablie dans un style qui s'harmonise mieux avec les grandes masses de cette pittoresque montagne. - (1) C'est là que résident les RR. PP. Dominicains, chargés, comme autrefois, du service religieux de la Sainte-Baume, ainsi que du soin de recevoir les voyageurs ; et aujourd'hui le son de leur cloche, que porte au loin la brise du matin, vient encore réjouir le cœur du pélerin dans son ascension solitaire.

La grotte est très-remarquable. On y monte par plusieurs degrés. Vaste et bien éclairée, sa largeur moyenne est de 24

---

(1) Un élégant clocheton surmontait primitivement l'un des angles de la toiture de ce bâtiment, mais il n'existe plus depuis longtemps.

mètres, et sa longueur d'environ 26, sur 8 de hauteur. Elle offre dans une de ses parties une excavation profonde, où l'on descend par un double escalier. Un filet d'eau d'une extrême fraîcheur découle goutte à goutte des fentes du rocher ; c'est la *Fontaine de la Pénitence*. Elle ne tarit point dans les années des plus grandes sécheresses, et son bassin naturel ne déborde jamais pendant les hivers pluvieux. La piété populaire attribue à cette eau, symbole des larmes de Madeleine, des vertus miraculeuses ; et le bruit mystérieux de sa chute vient seul interrompre avec un charme mélancolique le silence de cet antre révéré. « Son regard et ouverture
» vers l'Occident, dit Belleforêt, est faict
» tout ainsi que la voûte et gueule d'une
» fournaise ; devant l'entrée de cette spelonque, n'y a point guère grant espace, et audedans, à main gauche, on voit une
» grande pierre s'élevant de terre au beau
» milieu de la grotesque, qui va se perdant
» et abaissant peu-à-peu au-dedans de
» la mesme spelonque. Et entre ceste pierre
» et à l'extrémité de la grotte, il y a une
» très-belle fontaine, très-froide à la tou-

» cher, mais très-plaisante et très-salutaire
» à boire, qui jamais ne tarist et toutesfois
» l'eau de laquelle qu'on puisse apercevoir
» ne s'espand point hors ceste chambre
» pierreuse.... (1) »

Transformée en chapelle depuis les temps les plus reculés, cette grotte a son entrée fermée aujourd'hui par un mur orné d'une porte monumentale et de diverses baies en style roman ; ce mur, reconstruit il y a peu de temps, était précédemment décoré de marbreries où l'on voyait, à côté d'une statuette de la Madeleine, les traces de deux blasons figurant l'un, l'écu fleurdelysé de France et l'autre celui de Provence portant sur *champ d'azur, une fleur de lys d'or, au-dessous d'un lambel à trois pendants de gueules.*

Tous ces ornements dataient aussi de 1822, ainsi que l'inscription suivante, sur marbre, posée dans l'intérieur, au-dessus de la porte d'entrée, par les soins de M. Chevalier, préfet du Var, pour conserver.

---

(1) Belleforêt. — *Cosmographie universe'* 1575, fol. 324.

le nom des rois et des reines de France qui sont venus acquitter leur tribut de dévotion à la Sainte-Baume. (1) Cette décoration avait remplacé celle due à la munificence de François Ier et qui avait été dévastée pendant la Révolution.

(1) Fondée en MCCLXXX
par Charles II,
Comte de Provence,
Visitée par saint Louis
a son retour de la terre-sainte ;
Jean I en MCCCLXII ;
Charles VI en MCCCLXXXIX ;
Louis XI encore Dauphin ;
Anne de Bretagne en MDIII ;
François I. en MDXVI ;
Henri II en MDXXXIII ;
Charles IX et Henri III ;
Henri IV en MDLXIV ;
Louis XIII en MDCXXII ;
Louis XIV en MDCLX.

On avait ajouté plus tard le nom de Marie-Christine, reine d'Espagne, veuve de Ferdinand VII, qui avait visité la Sainte-Baume le 1er novembre 1840.

Cette inscription ne mentionne point tous les pèlerins royaux, qui furent nombreux durant les siècles de foi ; nous tâcherons d'en compléter la liste dans le cours de cette notice.

Vers le milieu de la grotte, se trouve l'autel principal, en remplacement de celui qu'avait fait élever le duc de Lesdiguières, en 1646, et où étaient sculptées ses armes écartelées de celles de la maison de Créqui (1). A cet autel, détruit aussi en 1793, en

---

(1) Deux inscriptions étaient autrefois placées auprès de cet autel, l'une à droite, composée par Jean Dorat et placée là par Jacques Fontaine et son épouse, pour accomplir un vœu. La voici :

EGREGII DOMINI

JOANNIS AVRATI

CELEBERRIMI POETÆ REGII

SUPER SACROSANCTAM B. M. MAGDALENÆ SPELUNCAM,

AD SPECTATORES :

Hæc quicumque vides horrendæ cacumina
In qua nescio quis numinis horror inest,(rupis
Ne mirare sacræ tantummodo lustra cavernæ
Sed quæ mansit in hac hospita diva domo.
Miraris saxis contingere sidera culmen ;
Altius ad superos extulit ipsa caput.
Duritiam cautis miraris ; durior ipsa.
Miraris scatebras, plus lacrymosa fuit.
Quæ tantum algorem ter denos ferre per annos
Evaluit, quanto ferbuit igne Dei.
Consors facta feris, hominum commercia
Sæpe frequentatur cœtibus angelicis.(fugit,
Humanos habitus, humanas sprevit et escas,
Pascitur e cœlo, contegiturque comis.
Horribiles tenebras cæci non horruit antri,
Luxit et cœli missus ab arce nitor.

avait succédé, sous l'administration de M. le préfet Chevalier, un autre assez vulgaire. Ce dernier était placé sous une sorte de

Sic vigiles noctes, luces sic exigit omnes,
Orans perpetuo, perpetuoque gemens,
Donec contractœ post longa piamina noxœ,
Hospitis ipsa sui venit in hospitium. (tis
Hic ubi nunc lacrymas abstergit ab ore caden-
Christus et amplexæ languida membra fovet,
Ambrosiusque cibus jejunia pascit et artus
Nudos cœlestis gratia nunc operit.
Illius exemplo sua quem mens conscia terret
Ne dubitet summi de bonitate Dei.
   J. Fontanus et S. de Sommati conjuges voti ergo posverunt. de Ilaitze. *Description de la Sainte-Baume, Manuscrits de la Bibliothèque de Marseille,* tom, III. — Faillon, mon. inédits. tom. I, 1050.

   L'autre inscription à gauche était de Scudéri :
Ici fut autrefois une amante fidèle,
Qui parmi ces rochers fit des torrents de pleurs
Qui de son beau visage emportaient plus de
[*fleurs*
Que n'en produit la terre en la saison nouvelle
Dans un antre si froid une flamme éternelle
S'exhalait de son âme en plaignant ses mal-
[*heurs*
Et dans le sentiment de ses vives douleurs
Les anges la voyaient aussi triste que belle.
L'écho de cette grotte en imitant sa voix,
Soupirait après elle et redisait aux bois
L'excès de son amour comme de son martyre.
Anges, bois et rochers, témoins de cet amour,
Redites-nous encor ce que je ne puis dire,
Afin que notre cœur y réponde à son tour.

portique en maçonnerie qui tenait lieu de l'ancien ciborium, aux arcatures ogivales, dont Louis XI n'étant encore que Dauphin avait donné le plan sur les lieux ; une seule arcade du XVe siècle subsistait, il y a peu d'années encore, dans le fond ; tout le reste était moderne et très-peu artistique. Cette restauration de 1822, entreprise avec un zèle assurément fort louable, fut bien précipitamment exécutée et le goût le plus pur n'y présida pas. Divers ornemente en marbre se trouvaient encastrés dans cette construction, entr'autres deux petits enfants joufflus et rebondis, dont l'un tenait une branche de saule pleureur et l'autre une couronne; ces sculptures provenaient de la Chartreuse de Montrieux, où elles décoraient dans le siècle dernier, le tombeau des sei-

---

Ces vers ont été composés et cette lame de cuivre consacrée à l'éternelle mémoire de sainte Madeleine, par messire Georges de Scudéri, seigneur d'Imbarville, gentilhomme ordinaire de la chambre du roi, gouverneur pour S. M. du fort de Notre-Dame de la Garde, et capitaine entretenu sur les galères à la marine du Levant, 1645. De Haitze, *Description de la Sainte-Baume,* — Faillon, *Mon. inéd.* I. 1091.

gneurs de Valbelle (1). Les PP. Dominicains n'ont point laissé subsister cette vulgaire maçonnerie et à sa place s'élève aujourd'hui un autel roman en pierre, plus conforme à la sévère harmonie du lieu.

Les travaux éxécutés à cette occasion ont néanmoins fait l'objet de certaines critiques. On a trouvé qu'ils ne s'alliaient pas assez à l'architecture de ces roches abruptes et que l'art y apparaissait trop. Sans doute l'ornementation doit autant que possible être sobre et discrète dans cette grotte, dont la plus belle décoration sera toujours, après les religieux souvenirs qui la peuplent, les grandes assises disposées par la nature avec une si étonnante majesté. Mais il ne faut point oublier que cette grotte est une église où les populations qui y accourent viennent retremper leurs âmes dans la célébration des plus saints mystères, au milieu des exercices divers des solennités catholiques. En faisant disparaître les fâ-

(1) Les RR. PP. Chartreux les ont réclamés, à l'époque de leur suppression; on trouve encore deux charmants petits pleureurs qui appartenaient à ce tombeau dans l'église de Méounes, voisine de Montrieux.

cheuses constructions qui en dégradaient l'aspect, il fallait nécessairement les remplacer par une œuvre nouvelle, pour laquelle l'artiste devait s'inspirer à la fois de la sublime poésie du site et des nobles exigences de l'art. Le jeune architecte que les PP. Dominicains ont chargé de cette délicate mission, à su heureusement combiner la grandeur du style avec celle de la nature; et s'il arrive que le visiteur, en abordant cet asile, éprouve quelque surprise en présence de cette décoration inattendue, la destination du lieu et les besoins du culte ne tardent point de lui en expliquer la pensée et d'en justifier à ses yeux l'exécution. (1)

(1) Les fonds nécessaires à ces restaurations ont été recueillis par l'active sollicitude du comité des Lieux Saints de Provence et aussi par la haute et puissante intervention de Mgr Dupanloup qui s'est si généreusement dévoué à cette œuvre réparatrice. Deux fois cet illustre évêque a porté la parole dans ce but. La statue qui surmonte le grand autel lui est aussi due. C'est au zèle du comité des Lieux Saints de Provence que l'on doit, en outre, la construction de l'hôtellerie et le rachat de la ferme des Pères. En lui offrant à ce sujet l'expression de notre vive reconnaissance nous croyons être l'interprète des sentiments de tous les amis de nos traditions provençales.

Derrière cet autel se trouve la partie la plus élevée et la moins humide de la grotte, connue sous le nom de *Lieu de la pénitence*, *locus pœnitentiœ*, ainsi qu'on voyait écrit en lettres d'or. On y lisait autrefois ces paroles du psalmiste : *Adorabimus in loco ubi steterunt pedes ejus* ; allusion aux apparitions de Jésus-Christ à sainte Madeleine en cet endroit. C'est le lieu que l'on croit avoir été plus particulièrement occupé par l'illustre pénitente pour vaquer à ses sublimes contemplations et à ses austères pratiques. On y voyait aussi une belle statue de cette sainte, due au ciseau de Pavillon, habile sculpteur provençal sous Louis XIV, et donnée, en 1663, par Louis Duchaisne, évêque de Senez (1), en remplacement d'une autre moins belle d'exécution dont

---

(1) Cette statue est colorée en carnation, mais d'un coloris fort brun... Elle est couverte de ses longs cheveux et d'un tissu de natte par dessous, rompu en quelques endroits. On lit sur son beau visage tout baigné de larmes, une si forte expression de douleur qu'on ne peut la voir sans compatir à son affliction..

(De Haitze, *description de la Sainte-Baume.* — *Manuscrits de la Bibliothèque de Marseille, III.*)

avait fait présent, en 1618, son frère Jean-Baptiste Duchaisne, président à mortier au parlement d'Aix (1). Cette dernière

(1) Ainsi que le constatait l'inscription suivante, aujourd'hui détruite, où toute la tradition se trouve relatée :
Deo Optimo Maximo
et memoriæ venerabili venerationique memorabili D. Magdalenæ, olim Bethaniæ in Solymorum agro incolæ, Lazari Christi hospitis incomparabilis sororis, quæ cum viventis sæpius pedes Domini, Arabum fragrantissimis odoribus delibutos, capillis adgeniculata tersisset ; ejusdem nardo devunctum corpus sanctissimæ sepulturæ destinasset ; suavissima post resurrectionem desideratissimaque in horto apparitione, fronte divino tacta digito, Sanctum sanctorum resurrectum palam Apostolis annuntiasset ; post illius admirabilem ascensionem, una cum fratre Lazaro, sororeque Martha, a Judæis furialibus mediterraneis credita fluctibus, nave lacera, sine remige, antennis gementibus, prora puppique fatiscente, trabibus perperam conterentibus, per medios irati maris æstus Massiliam Phocensium portum Christo duce archigubernoque appulit ; ibique fidei christianæ prima ecclesiastes, dum per aliquot tempus religionis Christianæ vix dum pubescentis primordiis vacat, in speluncam eminentissimæ rupis hujus pœnitens heroina sanctissima tanquam in vastissimam eremum secessit ; seque gemitibus incnarrabilibus, jejuniis, continuataque afflictione confecit; ibique per triginta annos

statue fut alors transportée à Saint-Maximin et placée à l'escalier de la crypte. L'une et l'autre ont été la proie du vandalisme révolutionnaire. Depuis les restaurations de 1822, le *lieu de la Pénitence* se trouve décoré d'une nouvelle statue en marbre blanc, remarquable sous le rapport de la forme, mais qui étale une beauté par trop mondaine. Apportée de Montrieux, où

æternabilis memoriæ Provincialium tutelaris diva, singulis pene horis, proh mirandum! admirabile angelorum comitatu recreata, vixit, sæpius ac sæpius in rupis hujus verticem elevata; tandem moritur, in illoque agro sepelitur. A Carolo Andegavo Hierosolymorum Siciliæque rege, comiteque Provinciæ, post M. C. C. annos corpus summa cura quæsitum, inventumque colitur. J. B. Duchaisne, eques, regis christianissimi secretioris consilii consiliarius curiæque summæ præses amplissimus, Pænitentis hujus D. recumbentisque imaginem sculptili opere colendam pie dedicarit, benevolentissimeque consecravit, anno Christi centesimo decimo octavo post sesquimillesimum Maii calendas. Heus! Viator, qui rupis hujus verticem conscendisti, hæc volui scire te, ora et abi.

Cette inscription était suivie de vers latins, composés en l'honneur du Président Du Chaisne par Louis Barrier, professeur de droit à l'Université d'Aix :

elle figurait comme pleureuse au tombeau des Valbelle (1), c'est en vain que pour la transformer en Madeleine on l'a affublée

Ad illustrissimum Dominum
J. B. Du Chaisne, equitem secretioris regii consilii consiliarium et in supremo senatu præsidem amplissimum. De icone quam D. Magdalenæ ex voto nuncupavit.
Huc loca sacra petens, Solymorum venit ab (oris,
Rupis et hæc tandem Magdalis antra subit.
Sex ubi plus lustris dolet actæ crimina vitæ,
Et rosea assiduis fletibus ora rigat.
Post abit inque locis, moritur tandem illa
Et fuerunt alio condita membra solo.(vicinis.
Pictorem potuit nullum reperire vetustas
Qui vivam exprimeret corporis effigiem:
At tua cura dedit, præses, qui redderet ora
Magdalæ ut e cælis huc rediisse putent.
Scilicet igniti donum est hoc pignus amoris,
Sed pretium tanti muneris ecquod erit?
Non Cræsi concedet opes, non Christus (honores,
Queis jamdudum sat cumulasse vides.
Sed cum verus amor solo pensetur amore,
Ipse tibi merces Christus amoris erit.
Faciebat Ludovicus Barrerius, jurisconsultus et primarius in Aquensi Academia regis antecessor, anno 1618.
De Haitze, *description de la Sainte-Baume. Manuscrits de la Bibliothèque de Marseille,* t. III. — Faillon, *mon. inéd.* I. 1078.

(1) Singulière destinée que celle des statues de ce tombeau : l'une représente aujourd'hui la Justice à Draguignan ; deux autres décorent des

des inséparables attributs qui caractérisent cette sainte pénitente : le crucifix, la tête de mort et le traditionnel vase d'albâtre. Malgré ces additions posthumes, dans sa pose si peu ascétique elle ressemble toujours à une courtisane du temps de Louis XV. Cette statue est néanmoins une œuvre de grande valeur, s'adaptant admirablement à la place qu'elle occupe, et nous osons espérer que les RR. PP. Dominicains la conserveront jusqu'à ce qu'ils en possèdent une autre qui, en étant préférable à celle-ci pour l'expression du sentiment religieux, ne lui soit point inférieure sous le rapport de l'art.

L'aspect du lieu de la Pénitence produit une vive impression sur l'esprit de quiconque reporte sa pensée à la vie légendaire de Marie-Madeleine. C'est, en effet, là le théâtre de ses célestes communications et de ses mystiques élans ; là se sont passés les faits les plus inouïs de son existence surnaturelle. C'est en cet endroit que les

fontaines publiques à Fréjus et à Toulon, et la quatrième est vénérée comme l'image de Madeleine pénitente.

anges la visitaient chaque jour, et que le Christ venait fréquemment, par sa présence visible, charmer sa solitude et adoucir les rigueurs de sa pénitence ; c'est de là qu'elle était élevée à travers les régions supérieures de l'espace, dans les horizons infinis du ciel. « La Sainte-Baume a été le Thabor de sainte Marie-Madeleine. Plus heureuse que saint Pierre qui disait au Seigneur, le jour de sa transfiguration : *Il nous est bon d'être ici, faisons-y trois tentes,* Madeleine a eu cette tente refusée au prince des Apôtres. Elle y a vécu solitaire entre les pénitences de la grotte et les ravissements de la hauteur. » (*Sainte Marie-Madeleine*, par le P. Lacordaire, c. 7.) Rien de plus immatériel, de plus idéal que la vie de Madeleine dans ce lieu privilégié ; et cet anéantissement complet de la vie des sens, cette suprême abnégation de la chair, ces extatiques transports, ces ravissements sublimes dont elle était sans cesse favorisée, forment le plus charmant épisode de ce poème ineffable et divin.

Sur le perron du grand escalier qui conduit au lieu de la pénitence et au devant même de la grille qui protége la statue de la sainte, un autel a été récemment elevé par les soins de M. l'abbé Lerebours, curé de la Madeleine. L'érection en était réclamée par la piété des fidèles. Néanmoins dans les siècles passés on avait préféré laisser subsister, dans son isolement caractéristique, la roche des pénitences légendaires de sainte Marie-Madeleine.

Autrefois quatre autels décoraient cette grotte. Nous avons parlé de l'autel principal, le second, à gauche, dans un lieu retiré, étant dédié à la sainte pénitente.

Le troisième, sous le vocable de *Notre Dame du Rosaire*, avec une jolie statue de la Vierge qui existe encore. Cette statue exécutée à Gênes et donnée au XVIIme siècle par Mgr de Marinis, archevêque d'Avignon, avait été sauvée à l'époque de la Révolution, par des paysans de la contrée, qui la transportèrent au Plan-d'Aups. Il serait à desirer qu'elle fût prochainement débarrassée de la détestable maçonnerie qui l'entoure.

Le dernier autel, dans la partie basse de la grotte, portait, comme aujourd'hui, le nom de *saint sépulcre*. Il offrait la représentation du Christ au tombeau et on y lisait cette inscription : *erit sepulchrum ejus gloriosum*. (1) Il a été depuis peu de temps relevé dans une très-grande simplicité.

Pour en tenir la place on avait mis là, en 1822, une élegante cheminée, dans le style de la renaissance, décorée du blason des comtes de Provence et datant de l'époque de François 1er. La sculpture en est très-délicate et mérite d'être conservée avec le plus grand soin. Elle a été transportée aujourd'hui hors de la grotte.

C'est à côté de cet autel qu'on remarquait, il y a peu d'années, les statues agenouillées de Louis XI et de Charlotte de Savoie, son épouse, placées autrefois au *lieu de la Pénitence*. Louis XI est revêtu d'une cotte de mailles et décoré de l'ordre de Saint-Michel ; il porte des amulettes et

(1) On a placé là aussi un bas-relief en marbre, représentant la communion de sainte Madeleine par saint Maximin. Cette sculpture d'une exécution vulgaire était probablement celle de la chapelle du bois, sur le chemin du *Saint Pilon*.

le collier de pèlerin. Charlotte de Savoie a une robe traînante à grandes manches et la coiffure de l'époque. Ces statues sont en ce moment conservées dans un lieu à part avec diverses autres sculptures.

Au bas de l'escalier qui conduit à cette partie de la grotte, on en voyait aussi deux autres : saint Lazare et sainte Marthe, dont les débris subsistent encore.

On rapporte que ce lieu avait été primitivement habité par de saints anachorètes et par les religieux Cassianites, avant la construction de leur couvent dans le voisinage. Des personnages de distinction y avaient été aussi inhumés, et près du grand autel on voyait le tombeau de Jeanne de Chabanne, épouse de Claude de Savoie, comte de Tende, gouverneur de Provence, morte à Marseille en 1538 (1).

---

(1) « C'était une dame très-pieuse et très-dé-
« vote à sainte Madeleine, comme on l'est géné-
« ralement dans toute la Provence, laquelle se
« trouvant à l'extrémité de la vie, témoigna vou-
« loir être enterrée dans la chapelle de la
« Sainte-Baume.... On mit son corps dans un
« cercueil de plomb, porté par deux mulets, aux-
« quels on voulut faire prendre le chemin de

Dans les temps passés (1), la grotte de la Sainte-Baume était enrichie de présents sans nombre des souverains, couverte d'ex-voto et de magnifiques ornements. Des lampes d'argent y brûlaient sans cesse ; on en comptait vingt-une devant la statue de sainte Madeleine. Un concours immense de pélerins de tous rangs venaient chaque jour s'y agenouiller. Dans notre siècle le culte de ce saint asile devait se ressentir de

« Caderage, village appartenant à M. le comte
« Claude de Tende, son mari ; mais ils prirent
« le chemin de la Sainte-Baume, montant tou-
« jours cette longue et effroyable côte de deux
« lieues, sans que jamais on pût les en détour-
« ner.... » R. P. Thomas Souëges. *L'année Dominicaine*, 22 juillet. — Ce miracle paraît avoir eu un grand retentissement, car en 1623, le R. P. Jourdain, Curé de Saint-Maximin, étant allé visiter à son lit de mort, à la campagne de Saint-Jacques, le nommé Mathieu Rostagnon, âgé de 104 ans, eut l'idée de l'interroger sur le fait de la sépulture de la comtesse de Tende. Ce vieillard avait conservé le souvenir de ce qui s'était passé à cette occasion et son récit est, de tout point, conforme à celui du P. Souëges. (Archives du couvent de Saint-Maximin.)

(1) On trouvait autrefois, à droite de la porte d'entrée, le chœur des religieux qui vient d'être rétabli et, à gauche, la sacristie.

l'indifférence religieuse de l'époque : les touristes et les admirateurs des beaux sites avaient pourtant continué à le visiter, et, à certains jours de l'année, les populations voisines y accouraient encore. Mais le plus grand nombre y était plutôt attiré par la curiosité et le plaisir, que par un motif de véritable piété. Toutefois depuis le rétablissement des PP. Dominicains l'antique foi de la Provence envers sainte Marie-Madeleine s'est ravivée, les multitudes ont repris le chemin de la sainte montagne et il n'est pas de jour, durant la belle saison, où de nombreux pèlerins n'y arrivent pour satisfaire leur dévotion à la grotte de la pénitence, assurés d'y trouver des exercices religieux quotidiens ou souvent une parole pleine de charme. Aux fêtes consacrées par la tradition, des processions de pénitents s'y font remarquer avec leurs habits variés et pittoresques et de pieux visiteurs s'y pressent en foule pour y prier. C'est véritablement un singulier spectacle, ces diverses caravanes qui gravissent ainsi les sentiers sinueux de la montagne et qui se disséminent de toute part dans la forêt pour y camper ; quand l'on y arrive avant le jour, on voit de grands feux allumés de tous côtés, autour desquels des groupes épars mangent ou dorment dans les plus étranges accoutrements ; et ces voûtes ténébreuses des bois, ces gigantesques masses d'ombres ainsi éclairées donnent à ce paysage un aspect tout-à-fait fantastique.

Mais pour saisir toute la poésie de cette retraite et pour en savourer le charme indéfinissable, c'est dans ses jours de complète solitude qu'il faut la visiter, quand aucun bruit humain ne vient en troubler le majestueux silence et qu'on n'entend autour de soi que l'écho de ses pas, ou le solennel murmure des arbres qui s'élève par intervalle comme la grande voix de la mer, ou comme un vague gémissement. Alors l'imagination s'exalte en face d'un spectacle aussi grandiose ; l'âme s'émeut dans sa sublime contemplation, et la pensée, franchissant notre étroite sphère, prend son essor vers des horizons infinis : «..... Est
» ce lieu tant renommé pour sa solitude
» esfroyable et pleine de je ne sçay quoy
» qui espure les sens de toute affection

» charnelle, à cause de l'aspreté de la soli-
» tude (1). »

Au point culminant de la montagne, et presque perpendiculairement à la grotte, se trouve le *Saint-Pilon*. On nomme ainsi une petite chapelle construite à l'endroit même où existait autrefois un pilier surmonté de l'image de sainte Madeleine transportée par les anges ; car, d'après la tradition, c'est en ce lieu qu'elle était élevée sept fois par jour, pour lui faire ouïr les accords célestes : « C'est là, disent les
» chroniqueurs, qu'aux sept heures canoni-
» cales, les anges eslevaient sept fois en
» l'air Madeleine, puis la récréaient d'une
» doulce et sainte harmonie, et la repor-

---

(1) Belleforêt, *Cosmographie universelle*.
— « J'ai fait beaucoup de pélerinages dans ma vie ; je n'en ai jamais fait aucun avec un intérêt plus profond, plus saisissant.......... à la Sainte-Baume un charme tendre et profond s'empare du cœur tout entier............ tout ce qu'on a de plus sensible et de plus délicat dans l'âme, tout ce que la nature a donné à un cœur d'homme, de bon et d'humain, tout ce que la grâce y a ajouté de meilleur et de divin, est saisi, pénétré, ému....... » Mgr Dupanloup, *allocution chez la duchesse Pozzo di Borgo.*

» taient dans la saincte caverne pour
» continuer ses pleurs et son austère
» pénitence (1). »

Cet épisode est certainement un des traits les plus remarquables du séjour de sainte Madeleine à la Sainte-Baume et une des preuves les plus éclatantes des faveurs que Dieu lui accordait dans sa solitude. Ce trait a été consacré, non seulement par la liturgie de l'Eglise Latine, mais par le bréviaire d'un grand nombre d'Eglises d'Occident et par celui de l'ordre de saint Dominique en particulier. Tous les anciens auteurs qui ont écrit sur ce sujet n'ont généralement point manqué de le rapporter. Pétrarque l'a reproduit dans des vers que nous mentionnons dans cet écrit, et saint François de Sales, dans son *Traité de l'amour de Dieu*, lui rend aussi témoignage en ces termes : « Sainte Madeleine, ayant
» l'espace de trente ans demeuré en la
» grotte que l'on voit en Provence, ravie
» tous les jours sept fois et élevée en l'air
» par les anges, comme pour aller chanter

---

(1) Boussingault, *Théâtre de l'Europe*.

» les sept heures canoniques à leur » chœur... » Au lieu de ces ravissements une chapelle a remplacé le pilier vénéré qui a donné son nom à cette partie de la montagne, et sur lequel était représenté ce fait si universellement accrédité (1).

En 1618, Diane de Forbin, dame de Cuges, fit don à la chapelle du Saint-Pilon d'un retable. Eléonore de Bergues, duchesse de la Tour-d'Auvergne, en fit orner l'intérieur de marbreries en 1643, et le cardinal de Bouillon, grand aumonier de France, son fils, acheva ces travaux peu d'années après, ce dont fait foi l'inscription qu'on y lisait anciennement et qui est aujourd'hui détruite (2). Les blasons de ces deux per-

---

(1) *Saint-Pilon* du provençal *piéloun*, pilier. — A une petite distance de Saint-Maximin (près de la voie Aurélienne) se trouve aussi un pilier qui porte ce nom, et sur lequel est placé un groupe figurant sainte Madeleine, transportée par les anges. Voir notre *Notice* à ce sujet *Bulletin du ministère de l'Instruction publique,* 1850.)

(2) Voici cette inscription :
AD HONOREM
B. MARIÆ MAGDALENÆ
IN EXTASIM RAPTÆ

sonnages attestent aussi leurs pieuses libéralités. On voyait sur l'autel la représentation, en marbre blanc, de sainte Madeleine transportée par les anges.

L'arc *en accolade* qu'on remarque sur la porte d'entrée de cette chapelle témoigne que cette construction date du XVI° siècle. L'intérieur a été plusieurs fois restauré et ruiné : récemment encore il a été l'objet d'une réparation, qui aurait besoin d'être renouvelée. L'ancienne sculpture qui consacrait le souvenir des saintes élévations de Madeleine par les anges, est aujourd'hui affreusement mutilée ; il serait à désirer qu'elle fût rétablie et qu'un bas-relief convenable y figurât de nouveau le sujet de

ELEONORA DE BERGUES
FREDER. MAURIT. BULLION. DUCIS
Conjux
EX ITALIA REDIENS
PONI JUSSIT
ANNO M.DC.XLVII.
EMMA. THEOD. A TURRE ARVER.
FILIUS
S. R. E. CARDINALIS BULHONIUS
MAG. FRAN. ELEEMOSYN.
DUM IN PROV. DEGERET
OPUS NEGLECTUM ABSOLVIT
ANNO. M.DC.LXXXVI.

ces traditionnels ravissements. D'après de Haitze cette chapelle est à deux pas de l'endroit où les anges reposaient la glorieuse Madeleine, lorsqu'ils l'élevaient sur cette montagne, et on aperçoit encore là l'empreinte de ses genoux sur le rocher (1).

Le Saint-Pilon est véritablement un des sites les plus religieux de la Sainte-Baume. Ses abords sont difficiles ; le chemin qui y conduit est rude et escarpé ; mais une fois arrivé, on est bien dédommagé de ses fatigues par l'immensité de l'horizon que l'on découvre, et par le charme inouï que l'on éprouve à le contempler. En effet, d'un côté les Alpes avec leurs neiges éternelles, et dont les crêtes se découpent magnifique-

---

(1) « On ne saurait le désavouer, lorsqu'on vient à considérer que ces admirables vestiges ne donnent aucun indice que ce soit là un ouvrage de l'art ; car dans ces enfoncements des genoux, on voit un si grand adoucissement et une si grande ressemblance du naturel, qu'on ne peut ne pas convenir que la pierre devenue molle par miracle ne se soit affaissée pour recevoir ces saincts et vénérables stygmates..... » De Haitze, *Description de la Sainte-Baume ; Manuscrits de la Bibliothèque de Marseille*, t. III.

ment sur l'azur splendide du ciel ; de l'autre, la Méditerranée et ses flots qui étincellent au soleil ; à l'Est, un gigantesque amphithéâtre de collines s'étageant au loin dans de fuyantes perspectives ; à lOuest, des terrains plus accidentés qui semblent se prolonger à l'infini, et sur la teinte foncée desquels ressortent, non loin des arides rochers de Sainte-Victoire, les blanches arcades de Roquefavour. L'œil embrasse et domine ces vastes plaines, ces hautes montagnes, ces profondes vallées (1), majes-

---

(1) Notre si regrettable ami, M. Flayol, a décrit en beaux vers cet horizon grandiose :

. . . .
Fiers sommets, vous ouvrez tout un monde à mes
[yeux ;
Vaste panorama, sévère ou gracieux,
Dont mon regard poursuit la perspective im-
[mense
Jusqu'au point où pour nous l'azur du ciel com-
[mence,
Et pour donner la vie à ces muets tableaux
Je compte en les nommant les cités, les hameaux.
. . . .
. . . .
. . . .
Là bas Saint-Maximin, dont le fier monument
Quand la brume, le soir, au front du firmament

tueux panorama qui élève l'âme et la jette dans une indicible et religieuse rêverie ; car on respire véritablement en ce lieu une sorte d'atmosphère céleste, tandis qu'à ses pieds on a l'abîme, au fond duquel la sombre verdure des arbres de la forêt ressemble à une immense prairie.

Après tout, ce qu'il y a de beau, ce n'est pas seulement ce qu'on voit, c'est ce qu'on sent et ce qu'on éprouve. C'est l'horizon invisible que l'œil n'aperçoit pas, mais que l'esprit saisit, ce sont les sons mystérieux que l'oreille ne recueille pas, mais que l'âme entend. Sur ces inaccessibles hauteurs, on trouve des émotions inconnues et des enchantements sublimes ; au solennel spectacle de la terre se mêle un vague sentiment des splendeurs divines ; on dirait une vision affaiblie du suprême idéal que contemplait Madeleine, et comme un écho

Aux pentes des coteaux étend ses premiers voiles
Semble un navire au port, sans mâture et sans
[voiles.

(*La Sainte - Baume*, pièce couronnée par l'académie de Marseille, 1858.)

lointain des ineffables mélodies qui la ravissaient.

On raconte, au sujet de ce précipice, une ancienne et pieuse légende. Deux gentilshommes étrangers (1), partis de Toulon pour accomplir leur pélerinage à la Sainte-Baume, arrivèrent pendant une nuit obscure sur les hauteurs du Saint-Pilon, et là, leurs chevaux refusant d'obéir, s'arrêtèrent tout-à-coup immobiles. Les cavaliers n'eurent pas plus tôt mis pied à terre qu'ils se sentirent arrêtés par une force surnaturelle. Dans cet état, ils résolurent d'attendre le jour pour achever leur voyage. Mais aux premiers rayons de l'aurore quelle fut leur surprise quand ils virent à leurs pieds l'effroyable abîme, où un pas de plus les précipitait sans espoir de salut! Ces gentilshommes, attribuant leur conservation miraculeuse à la protection de sainte Madeleine, firent sculpter en bois deux statues équestres, qu'ils placèrent, en souvenir de cet évènement, dans l'église de Saint-Ma-

---

(1) Deux marchands Florentins, d'après le P. Reboul. (Chronique du Couvent).

ximin ; plus tard, ces statues vermoulues furent remplacées par un tableau qui a subsisté jusqu'à l'époque de la Révolution, appendu à l'un des piliers voisins de la crypte (1).

En montant à la Sainte-Baume par Nans, qui est la route historique, celle qu'ont suivie les papes et les rois, on trouve, de distance en distance, des oratoires dans le style de la Renaissance, pour servir de stations. C'est Jean Ferrier, archevêque d'Arles, qui les avait fait construire en 1516, à l'époque de son pélerinage. Ces petits monuments élégants et variés dans leur ornementation, renfermaient autrefois des bas-reliefs, où étaient figurés des sujets de l'histoire de sainte Madeleine: ils étaient au nombre de sept. Six aujourd'hui subsistent encore, mais ils sont dégradés ; deux d'entr'eux pourtant ont été respectés, sauf les sculptures intérieures, maintenant détruites. Le blason de Jean Ferrier qui

---

(1) Manuscrits de de Haitze, t. III, à la Bibliothèque de Marseille ; P. Vincent Reboul, *Hist. de la Vie et de la Mort de sainte Madeleine.*

les décorait tous, ainsi que l'inscription qu'on y lisait autrefois, n'existent plus (1).

Le premier de ces oratoires, en partant de Nans, figurait Madeleine délivrée de la possession des sept démons.

Le deuxième la représentait répandant le nard aux pieds du Sauveur.

Le troisième, attentive à la parole du Christ dans la maison de sa sœur Marthe.

Le quatrième, embrassant la Croix sur le Calvaire. (C'était dans l'un des angles de ce bas-relief que se trouvait le portrait de Jean Ferrier.)

Le cinquième figurait Madeleine auprès du sépulcre.

Le sixième, en montant au Saint Pilon,

---

(1) Ce blason était écartelé *au 1er et 4e d'argent, à la bande d'azur, chargé de 4 fers de lance 2 à 2 ; au 2e et 3e de gueules, à 2 gerbes d'or mises en sautoir, traversées de 2 lances de même, aux liens d'argent et sur le tout d'azur à une fleur de lys d'or.* (Ferrier etait espagnol de naissance, et cette fleur de lys lui avait été donnée par Louis XII, en reconnaissance des soins que ce prélat avait pris pour l'entrevue avec le roi Ferdinand d'Aragon en 1508.) Au-dessous on lisait : *Joannes Ferrerius, archiepiscopus Arelatensis hoc monumentum erigi curavit. M. D. X. VI.*

le *noli me tangere*, et le septième, au sommet de la montagne, montrait l'arrivée miraculeuse de sainte Madeleine en Provence. Il ne subsiste plus que des vestiges de ce dernier oratoire. Il faudrait cependant qu'ils fussent tous restaurés, en ayant soin de respecter les exquises délicatesses de leur style.

Au-dessous de la grotte, sur le chemin de Giniés, dans un des plus beaux sites de la forêt, un autre oratoire s'élevait encore, encadré par de remarquables rochers, étrangement fendus : il figurait le crucifiement de N. S. et portait cette inscription : *Petræ scissæ sunt dum Christum crucifixissent Judœi*. En effet une pieuse légende faisait remonter la cassure de cette roche à la grande scène du Calvaire. « On la croit avec
» beaucoup de raison, dit de Haitze, du
» nombre de ces pierres miraculeusement
» sensibles qui se fendirent de tristesse à
» la mort du Sauveur. (1). »

---

(1) *Manuscrits* de de Haitze, *à la Bibliothèque de Marseille, t. III.* Au milieu des ruines de cet oratoire on trouve encore les débris du beau bas-relief qui figurait le crucifiement.

On rencontre aussi, en montant au Saint-pilon, une jolie chapelle mutilée qui date de 1630 : elle est construite dans le style de Louis XIII et pittoresquement recouverte d'une toiture en bois, chargée de mousse ; elle était fermée par un treillis, et on voyait autrefois sur son autel un bas-relief représentant la communion de sainte Madeleine par le saint disciple Maximin.

La fondation de cette chapelle est due aux libéralités d'Esprit Blanc, contrôleur-général des décimes en Provence, dont on voit le chiffre sculpté à la façade sur des écussons, où sont figurés des ostensoirs au-dessus d'un croissant ; d'autres initiales, G. P. F. P. s'y étalent aussi, ce qui semble indiquer que plusieurs personnages auraient contribué à son érection. Elle porte le nom de Chapelle des Parisiens (1) ou des Morts. Une fondation de

(1) « On appelle cette chapelle des *Parisiens*, » à cause que ses pieux fondateurs occupaient » autrefois dans Aix certaine maison que des » Parisiens avaient rendue fort célèbre. » De Haitze, *Manuscrits de la Bibliothèque d'Aix*.

messes y avait été faite, dans lesquelles on était tenu de prier pour les rois de France et pour le repos de l'âme du fondateur. Nous faisons des vœux pour que cette élégante chapelle soit prochainement restaurée, ainsi que les oratoires du chemin.

Indépendamment de la grotte principale il y en a plusieurs encore sur divers points de la montagne. Une entr'autres, connue sous le nom de *Grotte aux OEufs*, est assez souvent visitée, à cause de sa forme particulière (2).

Pour assurer le service de cette chapelle, son fondateur la dota d'une pension perpétuelle de 30 livres, à condition que 15 messes y seraient dites annuellement à des jours désignés, dont une le 5 septembre, anniversaire de la naissance de Louis XIV, et une autre pour la fête de la commémoration des morts, *à l'honneur et intention des siens parents, amis et ennemis*. (Acte passé à Aix le 27 Juin 1648. Ant. Augier not. royal. présent le R. P. Syndic du couvent de Saint-Maximin — livre de Ste *Marie Madeleine*, aux archives du couvent.)

(2) On la nomme *grotte aux œufs*, soit, selon les uns, parce que sa forme est ovoïde, soit tout prosaïquement, selon d'autres, parce que le religieux qui la découvrit, retardataire à l'heure du repas, ne trouva que des œufs à manger à son retour.

Une autre excavation dans un grand rocher détaché de la montagne, non loin du couvent, porte des traces d'habitation. C'était probablement la demeure de quelque pieux anachorète, qui, pour mieux conformer sa vie à celle de sainte Madeleine, avait cherché un gîte dans le creux d'une roche. Cette grotte mérite aussi d'être visitée, à cause de la richesse de la végétation qui en décore les abords. En effet, de magnifiques lierres s'y étalent de toute part; des mousses luxuriantes s'attachent au tronc noueux des arbres, dont les branchages s'entremêlent en cet endroit avec une puissance inouïe, et forment comme un magnifique portique de verdure qui en protége la pittoresque entrée.

Ce qu'il y a d'admirable dans la visite de ces diverses grottes, ce sont les mystérieuses beautés que l'on découvre pour y arriver ; c'est la sombre profondeur du bois que l'on traverse, son étonnante végétation, son splendide fouillis, car il est dans cette forêt des endroits privilégiés que les pas de la foule ne profanent point, et où la nature semble avoir épuisé toute sa magnificence.

Parmi les sites divers que parcourent les visiteurs, il en est un encore qu'il ne faut point oublier : la promenade des anciens Dominicains, esplanade établie à mi-côte de la montagne, d'où l'on jouit d'une vue très-étendue, bien propre à élever l'âme et à agrandir l'horizon de la pensée.

L'administration forestière a sagement exempté la forêt de la Sainte-Baume de l'aménagement ordinaire par coupes réglées. Qu'elle se contente d'abattre les troncs vermoulus et les arbres découronnés par la vieillesse! Les ordonnances de nos rois défendaient autrefois d'y toucher sous aucun prétexte. Une chapelle, dont il ne reste plus aucun vestige, existait anciennement à l'entrée de la forêt, vers la droite du chemin. Sur sa porte était placé l'écu fleurdelysé de France, surmontant deux bâtons royaux en sautoir, et on lisait au-dessous : *Sauvegarde du roi*. C'était la défense établie par le roi de France Henri II.

Il serait à désirer que notre époque s'inspirât de ces précédents, car la Sainte-Baume doit toujours être le bois sacré de la Provence.

Plusieurs Souverains-Pontifes ont accordé des indulgences aux pèlerins qui accompliraient leurs dévotions en ce lieu à certains jours par eux déterminés (1).

(1) Boniface VIII, par une bulle datée d'Anagni, avait accordé trois ans et trois quarantaines d'indulgence à tous les pèlerins qui visiteraient la sainte grotte le jour de sainte Madeleine, ou de la translation de ses Reliques, durant toute l'octave de l'une et de l'autre fête ; par une deuxième bulle, datée du lendemain de la précédente, il accorde à ceux du comté de Provence quarante jours, et aux étrangers de quelque pays qu'ils soient, cent jours d'indulgence, en quelque temps qu'ils fassent ce pèlerinage.
Ces indulgences furent confirmées par Benoît XI et par Jean XXII. Clément VII les augmenta par sa bulle datée d'Avignon, en les portant à deux ans pour les visiteurs du jour de sainte Madeleine ou de la translation des Reliques, et à un an et quarante jours pour tout autre temps. — Benoît XIII fut plus généreux encore en portant ces indulgences à vingt ans. Sixte IV, ainsi qu'Adrien VI accordèrent indulgence plénière aux visiteurs de ces divers jours ; Paul V et Grégoire XV, à ceux qui feraient leurs dévotions le jour de la Pentecôte ou pendant l'octave de cette fête ; Urbain VII établit pour les fidèles de l'un et de l'autre sexe, une confrérie de *Sainte Madeleine*, qui les rendit participants des indulgences et des priviléges accordés à ce saint lieu.
(V. de Haitze, *Manuscrits de la Bibliothèque de Marseille, t. III*).

Après la révolution Pie VII avait fixé ces jours à quatre, qui sont : le lundi de la Pentecôte, la fête de sainte Madeleine, celle de saint Louis et l'Exaltation de la sainte Croix. Mais la seconde fête de la Pentecôte est de tous ces jours le plus fréquenté, soit à cause de la saison, soit parce que l'origine de cet usage remonte au pape Paul V, qui, en 1644, accorda, pendant le terme de sept années, une indulgence plénière, rendue perpétuelle par son successeur, Grégoire XV, aux pieux visiteurs de ce jour. C'est aussi l'époque que choisissent, en Provence, les nouveaux mariés pour accompir ce pélerinage. Autrefois on le stipulait dans les contrats de mariage ; aujourd'hui on n'insère plus cette clause, mais on l'exécute encore ; et, dans les pays circonvoisins, les gens de la campagne sont

— La bulle de Boniface VIII pour l'établissement de la confrérie de Sainte-Madeleine est du 9 Juin 1629. Cette bulle fut publiée dans le diocèse d'Aix le 29 Juin 1631 et le nombre des associés devint innombrable.

— Aujourd'hui la Sainte-Baume, étant redevenue église dominicaine, jouit en outre, de tous les priviléges accordés aux églises des Frères Prêcheurs.

fidèles observateurs de cette ancienne coutume ; les jeunes épouses y attachent même l'espérance de leur future maternité.

Au milieu de tout le merveilleux dont l'imagination méridionale entoure l'histoire de sainte Madeleine, on découvre la foi profonde qu'a en elle le peuple de Provence. Aussi le lieu qu'elle habita doit-il toujours être l'objet d'un culte plein d'enthousiasme.

Mais ce qu'il y a de vraiment caractéristique dans ce site étrange, c'est son ensemble original et pittoresque, ce sont les indéfinissables émotions qu'impriment à l'âme l'imposante majesté de cette solitude, ainsi que les souvenirs qui s'y rattachent. L'artiste peut recueillir en elle une ample moisson de vives et poétiques jouissances ; mais celui qui a conservé vivante dans son âme la foi de ses pères et qui a gardé le culte des saintes traditions du passé, y trouvera nécessairement un attrait plus grand encore, un charme plus ineffable et plus saisissant. (1)

(1) On croit généralement en Provence, que la Sainte-Baume ne peut être visitée que durant l'été ; c'est là une erreur : les belles journées

d'automne conviennent admirablement pour parcourir cette forêt, et les mille nuances des arbres, leur teinte si riche et si variée à cette époque, ajoutent puissamment à l'effet du site. — Les Botanistes trouvent à la Sainte-Baume une grande variété de plantes et les entomologistes y découvrent des insectes de climats divers. — D'intéressants sujets d'étude s'offrent aux archéologues dans les lieux environnants.

Les abords même de la montagne ont été fréquentés à l'époque romaine ; on trouve au Plan-d'Aups des ruines éparses, des fragments de routes et des debris d'inscriptions qui permettent d'admettre qu'au temps où vivait sainte Madeleine, ces lieux n'étaient point inexplorés et la vérité de la tradition ne peut que s'affermir sur ces données de la science et à ces réalités de l'histoire.

III

HISTOIRE DE LA SAINTE-BAUME

Dès les temps les plus reculés, la Sainte-Baume était considérée comme l'asile de la pénitence de sainte Marie-Madeleine. C'est à cause de la célébrité de cette croyance que le moine saint Cassien vint, au IVe siècle (1), établir un couvent de religieux dans le voisinage de la grotte. Cassien était le fondateur de l'abbaye de Saint-Victor, de Marseille, et avait concouru à l'établissement de la plupart des monastères de la Gaule méridionale. La fondation des deux couvents de la Sainte-Baume, l'un

(1) Né vers 360, mort vers 440.

d'hommes et l'autre de femmes, lui est attribuée (1). Ces divers monastères passèrent dans la suite de cet intistut à celui de saint Benoît. La partie orientale de la montagne porte encore le nom de Saint-Cassien. On y trouve une ferme ainsi dénommée et les débris d'un ermitage, dont les ruines ne peuvent, toutefois, offrir au monumentaliste aucun indice sur l'époque de sa construction (2). Auprès de la forêt se trouve aussi la ferme des *Béguines*, sur l'emplacement probable de l'ancien couvent des religieuses qui, pendant le moyen-âge, se réfugièrent à Saint-Zacharie (3).

Les ravages des Sarrasins ont détruit tous les anciens documents qui pouvaient fournir des preuves écrites du culte de la Sainte-Baume dans les premiers siècles. Raban-Maur est le plus ancien auteur qui

---

(1) *Antiquités de l'Eglise de Marseille*, t. 1, p. 100.

(2) La position de cet ermitage est singulière : il surmonte un petit mamelon, en avant de la montagne, dans un endroit élevé et solitaire.

(3) C'est à la partie la plus élevé de la montagne, en face de cette ferme, qu'on donne le de *Pic des Béguines*.

en fasse mention (1). Nous allons passer rapidement en revue les faits historiques qui se rapportent au culte de la Sainte-Baume depuis les ravages des Sarrasins.

Ce pélerinage était très-fréquenté dans les siècles passés. Les anciens auteurs ont mentionné les personnages de distinction qui y sont venus à diverses époques. Déjà, dans le IX siècle, on en trouve des exemples illustres : ceux des papes Etienne IV et Jean VIII. Le premier, en 816, lorsqu'il se rendit en France pour sacrer Louis-le-Débonnaire, et le second, en 878. Boson Ier, roi de Provence, ne manqua pas aussi d'acquitter envers lui son tribut de dévotion.

---

(1) M. Faillon a traité à fond cette question de l'antiquité du culte de la Sainte-Baume. Il cite à l'appui de son opinion, le témoignage de Raban-Maur, qui, tout en révoquant en doute le fait du séjour de sainte Madeleine dans cette retraite, fournit néanmoins une preuve indubitable de l'antiquité de la tradition, au sujet d'interpolations faites au VIIe siècle, à une ancienne Vie de sainte Madeleine, où Cassien se trouve confondu avec le prêtre Zozyme, de la légende de sainte Marie d'Égypte, confusion attribuée par Raban au séjour de Cassien à la Sainte-Baume ; ce qui prouve que déjà ce lieu était vénéré du temps de Cassien, c'est-à-dire au IVe siècle.

Au Xe siècle on cite la visite de Guillaume-Gérard, fils de Hugues, roi d'Italie et marquis de Provence, vers l'an 935.

Dans le XIIe siècle, on sait que c'est à la suite d'un pélerinage à la Sainte-Baume, où il avait été miraculeusement guéri, qu'un gentilhomme italien fonda la chartreuse de Montrieux (1). A cette époque aussi saint Jean de Matha, fondateur de l'ordre de la Trinité, vint s'y livrer, pendant un certain temps, à de célestes contemplations.

XIIIe Siècle. — Mais c'est au XIIIe siècle qu'un redoublement de ferveur attira dans ce lieu un concours plus considérable de visiteurs, et l'histoire a enregistré le pélerinage du roi saint Louis en 1254, au retour de sa première croisade : « ...... Le
» Roi se partit d'Yères, dit Joinville, et s'en
» vint en la cité d'Aix, en Provence, pour
» l'onneur de la benoîte Magdaleine, qui
» gisoit à une petite journée près, et fusmes
» au lieu de la Basme, en une roche moult
» haut, là où l'on disait que la sainte Ma-

(1) Les historiens de Provence.

» daleine avoit vesqu en hermitage longue
» espace de temps (1). »

En 1279 l'invention des reliques de Marie-Madeleine à Saint-Maximin vint encore accroître le zèle et la dévotion envers cette illustre pénitente. Le prince de Salerne, plus tard connu sous le nom de Charles II, comte de Provence, les découvrit, à l'endroit où elles avaient été cachées plusieurs siècles auparavant pour les soustraire à la profanation des Sarrasins ; et c'est surtout depuis cette époque que la Sainte-Baume vit chaque jour accourir dans sa solitude une foule innombrable de pèlerins de toutes conditions, rois et chevaliers, princes et

(1) *Histoire de saint Louis,* par le sire de Joinville.
M. l'abbé Albanès a eu l'obligeance de nous signaler un document important pour l'histoire du pélerinage de la Sainte-Baume, c'est un manuscrit de la bibliothèque du Vatican, dans lequel un frère Mineur de Parme ayant habité Aix, mentionne une visite qu'il aurait faite à la Sainte-Baume en 1248. Il paraît qu'à cette époque, antérieure au pélerinage de saint Louis, ce lieu était très-fréquenté. On trouve dans cette chronique des détails intéressants entr'autres l'usage existant déjà pour les femmes de faire sur des ânes l'ascension de la sainte montagne.

seigneurs, évêques et nobles dames, avec l'éclat de leur cortége, et le peuple avec sa foi naïve et enthousiaste.

Charles II, pour honorer les reliques de sainte Madeleine, jeta les fondements de la magnifique église de Saint-Maximin, splendide témoin de la célébrité de la tradition, et il demanda au Souverain-Pontife de substituer aux religieux de Saint-Victor ceux de l'ordre de Saint-Dominique, dont l'institut était si florissant, et qu'il désirait établir à Saint-Maximin et à la Sainte-Baume.

Le pape Boniface VIII, ainsi que nous l'avons dit, dans notre notice sur l'église de Saint-Maximin, par diverses bulles, en date du mois d'avril 1295, autorisa ce double établissement, qu'il exempta de la juridiction de l'abbaye de Saint-Victor et de celle de tous ordinaires. Il ordonna que l'élection du prieur serait approuvée par le comte de Provence, sous peine de nullité, et soumit les habitants et les pélerins à la juridiction de ce prieur (1).

(1) *Recueil des Bulles des Souverains Pontifes*, publié en 1666, par les religieux du couvent de Saint-Maximin.

L'évêque de Marseille, Durand de Trois-Emines, fut délégué pour mettre en possession de l'un et de l'autre de ces lieux, le roi Charles II, représenté par l'évêque de Sisteron, Pierre de Lamanon ; ce qui fut effectué le 20 juin suivant pour Saint-Maximin, et le 21 pour la Sainte-Baume, en présence de divers magistrats et seigneurs (1).

Charles II avait ordonné à Hugues de Vins, sénéchal de Provence, d'assister de son autorité, dans cet acte, les évêques de Marseille et de Sisteron. Vingt Frères Prêcheurs furent dès-lors établis à Saint-Maximin et quatre à la Sainte-Baume, dont deux religieux prêtres et deux frères convers. Ce nombre fut augmenté par le roi Robert dans ce dernier établissement, qui ne fut toujours qu'une dépendance du couvent de Saint-Maximin, sous la direction d'un vicaire. (2) En effet, c'est à la Sainte-

---

(1) *Archives du couvent de Saint-Maximin. — Relation de l'établissement des Dominicains à la Sainte-Baume,* par Bernard Guidonis. Faillon, *Mon. inédits,* II. 847.

(2) Ce vicaire, soumis au prieur du couvent de Saint-Maximin, était nommé pour deux ans.

Baume qu'allaient ordinairement se reposer les religieux des fatigues de leur apostolat, ou qu'ils se préparaient à de nouveaux travaux par la prière et par l'étude : c'est là que les grandes voix de la solitude leur dictaient de solennelles inspirations et d'héroïques dévoûments.

Le comte Charles accorda aux Frères-Prêcheurs diverses redevances, et leur assigna des revenus sur le trésor royal en leur interdisant de mendier, contre l'usage alors commun à ces religieux (1).

Il accorda aussi, comme indemnité, une pension annuelle de 150 livres de renforcés, à prendre sur les pêcheries de Saint-Giniés, près d'Arles, aux Bénédictins, qui revendiquaient la forêt de la Sainte-Baume, dont la bulle ne parlait pas ; mais Boniface VIII, informé de cette prétention de la part de ces derniers religieux, l'expliqua d'une manière plus explicite, et leur défendit, sous peine d'excommunication, de troubler à cet égard les Dominicains (2).

(1) Faillon, *Mon. inéd.* I. 920.
(2) *Archives du Couvent*, Faillon, *Mon. inéd.* I. 922, II. 877.

Ceux-ci furent donc en pleine et entière possession de ces lieux, et ils s'en montrèrent toujours les vigilants gardiens, en même temps que les prédicateurs éloquents, par la parole et par l'exemple, des vertus surhumaines de sainte Madeleine et de son austère pénitence.

Charles II fit, en outre, payer par ses officiers aux religieuses de Saint-Zacharie la rente de 30 livres de bougie et de 30 livres d'huile, annuellement servie par les Bénédictins (1). Ses successeurs, Robert et Louis II, renouvelèrent cette ordonnance ; mais Robert exigea de la part de ces religieuses la renonciation expresse à leurs droits sur les prieurés de Saint-Maximin et de la Sainte-Baume, ce qu'elles firent le 6 juin 1312 (2).

(1) Manuscrits de la Bibliothèque de Marseille.— Actes du Couvent de Saint-Zacharie. Faillon, II. 847.

(2) L'acte de procuration donnée à cet effet par les religieuses de Saint-Zacharie à leur syndic Pictavin de Jouques, de la ville d'Aix, est antérieur de quelques mois; il est du 5 des nones d'Octobre 1311. Il existe aussi une transaction, relativement à la forêt, entre les Dominicains et l'abbé de Saint-Victor, de l'année 1323 ; ainsi que

C'est dans le cours du XIIIe siècle que les Croisés, qui partaient pour la Terre-Sainte, venaient en foule vénérer ce sol sacré.

C'est encore vers la fin de ce siècle qu'eut lieu le pélerinage de saint Louis d'Anjou, accompagné de ses deux sœurs, Marie et Béatrix, qui furent, plus tard, l'une reine de Majorque, et l'autre duchesse de Ferrare.

XIVe Siècle. — Les papes Benoît XI, en 1304, et Jean XXII, en 1316, confirmèrent les bulles de leur prédécesseur, Boniface VIII, relativement à l'établissement des Dominicains et aux priviléges dont ils jouissaient. Les religieux de Saint-Victor tentèrent cependant, sous le pontificat de Jean XXII, d'être réintégrés dans leurs droits ; mais leur demande fut rejetée. Ce Pape déclara même que si dans les bulles précédentes il s'était glissé quelque défaut de forme, il y suppléait par la plénitude de la puissance apostolique, et il vint lui-

des lettres-patentes du roi Robert à ce sujet et de Louis II.
(V. Archives du couvent.)

même visiter la Sainte-Baume avec la plus grande dévotion. C'est ce que ne manquèrent pas de faire aussi tous les Souverains-Pontifes qui résidèrent à Avignon.

Au Plan-d'Aups, situé tout auprès de la forêt, se trouvait autrefois une aumônerie desservie par les Bénédictins, et qui était destinée à donner l'hospitalité aux voyageurs ou pélerins indigents qui se rendaient à la Sainte-Baume. Ces religieux étaient demeurés en cet endroit quelque temps encore après l'établissement des Dominicains ; plus d'une fois ils leur soulevèrent des difficultés. Sous le roi Robert ils voulurent même s'arroger des droits dans la forêt ; mais sur l'ordre du roi, une procédure juridique réprima leurs abus, et il fut recommandé à l'abbé de Saint-Victor d'interposer son autorité pour éviter de nouveaux empiétements de la part des moines du Plan-d'Aups (1).

L'ancienne et curieuse église de cette aumônerie du Plan-d'Aups subsiste encore.

(1) *Arch. du Couvent.* Faillon, *Mon.' inéd.* II, 885 et 889.

Sa voûte, à appareil rustique, repose sur un large cordon qui règne autour de la nef; elle est ogivale, à berceau, et soutenue par des arcs-doubleaux massifs, portant sur des pilastres, entre lesquels sont simulées des arcades cintrées sur les parois latérales. Ces arcades ont été badigeonnées, et la voûte seule a été respectée dans sa teinte primitive. Le chevet de cette église est rectangulaire, mais son extérieur, malheureusement blanchi à la chaux, offre l'aspect d'une récente construction.

Au XIV° siècle, le concours des pèlerins était tellement considérable à la Sainte-Baume qu'on fut obligé d'agrandir l'hospice des étrangers pour les héberger. Les autres bâtiments furent aussi réparés en 1320.

Des lettres-patentes du roi Robert, en date du 12 septembre 1327, prescrivent d'entourer le lieu de la Pénitence de grilles de fer, afin d'y éviter l'encombrement et les désordres de la foule (1). Mais si le

(1) *Arch. du Couvent.* Faillon, *Mon. inéd.* 1. 942.

nombre des visiteurs était considérable, les personnages de distinction ne manquaient pas à cette époque de vive foi. Les comtes et les comtesses de Provence, si pieux envers sainte Madeleine, cette grande protectrice de leurs états, vinrent tous successivement rendre hommage au séjour de sa pénitence, et ils n'entreprenaient jamais aucune importante expédition sans implorer auparavant le secours du ciel dans cet asile.

Pendant l'année 1332 cinq monarques s'y rendirent à la fois avec une nombreuse et brillante suite. Ce furent : Philippe de Valois, roi de France ; Alphonse IV, d'Aragon ; Hugues IV, roi de Chypre ; Jean de Luxembourg, roi de Bohême, et le roi Robert, comte de Provence, qui leur fit les honneurs de ce lieu vénéré.

Sainte Brigitte, princesse de Suède, y vint aussi du fond de son royaume, accompagnée d'Ulfo, son mari (1).

Humbert II, le dernier des dauphins viennois, s'y rendit en 1338 ; le cardinal

(1) *Acta Sanctorum,* die VIII octobris.

de Cabassole en 1355. Ce prélat, ami des lettres, écrivit une élégante relation de son pélerinage. Pétrarque avait aussi plusieurs fois visité la Sainte-Baume en poète et en pélerin. « Ce lieu est saint et vénérable, dit-il, dans son livre de la *Vie solitaire*, et il n'est pas indigne qu'on vienne le visiter, même de loin. Je me souviens d'y être allé souvent, et d'y avoir passé autrefois trois jours et trois nuits, et d'y avoir trouvé des délices bien différentes de celles que l'on goûte dans les villes... (1). »

Pétrarque y avait fait lui-même placer une inscription souvent reproduite (2).

Après Jean XXII, les papes Benoît XII,

---

(1) « .... *et locus est sacro quodam honore venerabilis et visitari de longinquo etiam non indignus, ubi et sœpème fuisse, et tres olim noctes, totidemque dies, non sine voluptate alia quam quœ in urbibus capi solet, exegisse memini......* » Pétrarque, *de vita solitaria*, lib. II, tract. V. — Faillon. *Mon. inéd.* 1.959.

(2) *Dulcis amica Dei, lacrymis inflectere nostris :*
Atque meas intende preces, nostrœque saluti
Consule, namque potes : neque enim tibi tangere frustra
Permissum, gemituque pedes perfundere sacros.
Et nitidis sicare comis, ferre oscula plantis,

Clément VI et Innocent VI étaient venus s'agenouiller dans la sainte grotte. Urbain V

Inque caput Domini speciosos spargere odores,
Nec tibi congressus primos, à morte resurgens,
Et voces audire suas, et membra videre,
Immortale decus lumenque habitura per ævum,
Nequidquam dedit ætherei rex Christus olympi.
Viderat ille Cruci hærentem, nec dira paventem
Judaïcæ tormenta manus turbæque furentis
Jurgia, et insultus, æquantes verbera linguis
Sed mæstam, intrepidamque simul digitisque
                                   [*cruentos*
Tractantem clavos, implentem vulnera fletu:
Pectora tundentem violentis candida pugnis:
Vellentem flavos manibus sine more capillos:
Viderat hæc, inquam, dum pectora fida suorum
Diffugerent pellente manu: memor ergo remisit
Te primam ante alios, tibi se prius obtulit uni,
Te quoque digressus terris, et ad astra reversus,
Bis tria lustra tibi nunquam mortalis egentem
Rupe sub hac aluit; tam longo tempore solis
Divinis contenta epulis et rore salubri.
Hæc domus arcta tibi stillentibus humida saxis,
Horrifico tenebrosa situ, tecta aurea regum,
Delicias omnes ac ditia vicerat arva,
Hic inclusa libens longis vestita capillis,
Veste carens, alia ter denos passa decembres
Diceris, hic non fracta gelu, nec victa pavore:
Namque famem, frigus, durum quoque saxa cu-
                                       [*bile*
Dulcia fecit amor, spesque alto pectore fixa
Hic, hominum non visa oculis, stipata catervis
Angelicis, septemque die, subvecta per auras,
Cælestes audire choros, alterna canentes
Carmina, corporeo de carcere digna fuisti.
   V. Belleforêt, Bouche, Faillon, etc.

s'y rendit en 1367, Grégoire XI en 1376 (1), et l'anti-pape Clément VII (Robert de Genève), en 1379. Le roi de France Jean II, fit ce pélerinage en 1362 (2) ; Charles VI, en 1389 ; l'empereur Charles IV (3) en 1365, à l'occasion de son voyage à Avignon, auprès d'Urbain V, pour se faire couronner roi d'Arles.

Mais ce n'était point assez de vénérer cette pieuse retraite: les princes et les Souverains-Pontifes ne manquèrent pas de laisser des traces durables de leur passage par de généreuses donations.

Déjà, en 1383, Louis Ier, d'Anjou, successeur de la reine Jeanne, avait fondé une messe quotidienne à la Sainte-Baume, et par son testament, écrit en français, il accorde divers priviléges aux religieux.

---

(1) Nous citons Grégoire XI d'après de Haitze et plusieurs historiens. Ce souverain-pontife a visité Saint-Maximin, le 19 septembre 1376, et le lendemain son itinéraire ajoute : *procedit exinde antistes, sumpto sabbatinali prandio; pergit per arbusta scalentia deserti, somnum capit in Auriolo. (Bibliothèque nationale. Manuscrits latins*, cités par Faillon. 1. 969.

(2) Faillon, *Mon. inéd.* 1. 966.

(3) Les Histoires de Provence, Faillon.

« Nous voulons, dit-il, faire ce qui conviendra en la chapelle et maisons fondées en la roche, en laquelle la glorieuse Magdalenne fit sa pénitence (1). »

Sous Louis II, les religieux, pour obtenir la réparation des bâtiments, s'adressèrent à Pierre de Lune, qui avait succédé à Clément VII sous le nom de Benoît XIII. Par sa bulle du 2 mai 1396, Benoît ordonna de prendre dans la province d'Aix, sur tous les legs pour œuvres pies faits sans désignation d'objets, de personnes et de lieux, la somme de 200 florins d'or pour être employés à la réparation des bâtiments *loci de balmá..... ubi beata Maria Magdalena suam egit pœnitentiam* (2); et le 4 décembre 1405 Benoît XIII accomplit son pèlerinage à ce lieu célèbre, qu'il avait déjà honoré des dons de sa munificence : il accorda même vingt ans d'indulgence à ceux qui iraient faire leurs dévotions à pareil jour (3).

---

(1) Ce testament est cité par M. Faillon, *Mon. inéd.* 1. 976.

(2) Bouche, *Défense de la foi de Provence*. Faillon, *Mon. inéd.* II. 1021.

(3) *Manuscrits de de Haitze*, Faillon.

Durant le cours du XIV⁹ siècle de saints religieux s'y rendirent des pays les plus éloignés pour invoquer, dans le lieu de son repentir, cette illustre pénitente.

C'est ainsi que l'histoire a conservé le souvenir du bienheureux dominicain Dalmace Moner, qui ne pouvait plus s'arracher aux charmes de cette solitude, et qui, rappelé en Espagne par ses supérieurs au bout de trois ans, se fit creuser, non loin de son couvent de Gironne, une grotte, en imitation de celle de sainte Madeleine, pour y mener, jusqu'à la fin de ses jours, une vie contemplative et pénitente. (1) Le portugais Martin Scale, aussi Dominicain, confesseur du roi du Portugal, Denys-le-Libéral, et de la reine sainte Elisabeth, son épouse, vint payer son tribut de piété à la Sainte-Baume ; et si nul historien ne fait mention de saint Vincent Ferrier et de sainte Catherine de Sienne (2), il n'est

---

(1) P. Touron ; *Hist. des hommes illustres de Saint-Dominique*, t. II, p. 217.

(2) Sainte Catherine de Sienne avait une dévotion particulière pour la glorieuse sainte Marie-Madeleine, que la Mère de Dieu lui avait donnée

guère permis d'admettre que ces deux illustres membres de la famille dominicaine, dans leur passage en Provence, ne soient pas venus demander au recueillement de ce pieux asile de mystérieuses inspirations ; car, à toutes les époques, un nombre considérable de saints personnages y ont ravivé l'ardent foyer de leur amour pour la pénitence et la contemplation.

Nous avons dit, dans notre Notice sur

---

comme compagne, guide et maîtresse dès sa plus tendre enfance. Je ne sais quel jour, étant retirée dans sa cellule et se croyant seule, parce que Madeleine et les autres esprits bienheureux qui étaient présents ne se montraient point à ses regards, elle se mit à considérer comment et de combien de douceurs intérieures avait été nourrie et fortifiée Madeleine, la bienaimée du Christ ; elle se rappelait que pendant l'espace de plus de trente ans, elle avait vécu dans un horrible désert, ensevelie dans une caverne obscure, sans être soutenue par aucune nourriture matérielle et sans prendre le plus léger sommeil ; mais elle recevait chaque jour les abondantes rosées de la grâce, que les Saintes Écritures appelaient les douceurs célestes et qui fortifiaient son esprit et son corps. *Vie de sainte Catherine de Sienne*, supplément à la *Légende* du B. Raymond de Capoue, par le B. Thomas Nacci Caffarini. Traduction de M. E. Cartier, p. 394.

l'église de Saint-Maximin, combien dans le moyen-âge on attachait de prix aux reliques des saints, et combien celles de sainte Madeleine étaient l'objet de la publique vénération. Elles avaient aussi, plus d'une fois, couru le risque d'être profanées ; notamment en 1357, dans la crainte des brigands qui avaient envahi la Provence, on fut obligé, pour les soustraire à leur vandalisme, de les transporter à la Sainte-Baume, où on les tint cachées pendant trois ans. La ville de Saint-Maximin, qui devait conserver le dépôt sacré, fut alors fortifiée, et les reliques purent retourner en toute sûreté, et avec grande pompe, le 28 novembre 1360 (1).

XVe Siècle. — Les comtes de Provence, comme les Souverains-Pontifes, se montrèrent de tous temps les généreux protecteurs de ce saint asile ; et dans le cours du

---

(1) Bouche, Histoire de Provence, II. 379. — en 1574, à l'époque de la guerre des Razats et des Carcistes, en Provence, ces reliques furent aussi transportées en ce lieu et gardées par des hommes commis par les consuls de Saint-Maximin.

XVᵉ siècle les exemples de cet illustre patronage ne manquèrent pas.

En 1403, Louis II, par lettres datées de Tarascon, renouvela la défense anciennement faite de chasser dans la forêt de la Sainte-Baume, d'y couper du bois et d'y faire paître des troupeaux, sous peine de payer 10 livres de couronnats, dont la moitié pour le fisc et le reste pour la réparation des bâtiments. Il fonda aussi une messe perpétuelle et quotidienne à l'autel de la Vierge de cette grotte (1).

Les comtes de Provence avaient érigé la Sainte-Baume en fief relevant immédiatement de leur autorité, qu'ils affranchirent de tous impôts, soit en temps de paix, soit en temps de guerre. Ils avaient même donné aux religieux la juridiction temporelle du lieu. Les Dominicains en étaient, en effet, les seigneurs justiciers et ils nommaient un juge pour y exercer la justice (2). Toutes

(1) *Archiv. du Couvent.* Faillon, *Mon. inéd.* II. 1041 et 1050.

(2) Ils nommaient aussi à tous les offices de la judicature ; leurs lettres de nomination devaient être homologuées par le Parlement. (Voir notre monographie du Couvent des Dominicains.)

ces concessions furent confirmées par les rois de France après la réunion de la Provence à la monarchie.

Ce fut au commencement du XV° siècle qu'un seigneur de la cour de Charles II, Geoffroy-le-Maingre, surnommé Boucicault, fonda, dans la grotte de la Ste-Baume, une chapellenie pour être desservie à perpétuité par un Père Dominicain, et il légua sa terre de Roquebrune pour l'acquit de cette fondation (1), legs qui fut approuvé et confirmé par lettres-patentes du roi Louis II.

Le maréchal de Boucicault, parent de ce dernier, donna aussi des sommes considérables pour la restauration de l'hospice : il fit plusieurs fois à pied le pèlerinage de la Sainte-Baume.... *et en celui-lieu, tout à une fois, donna cinq cents francs comptant pour avoir licts et autres choses pour l'hospital aux pauvres et pour héberger les pélerins* (2).

(1) *Arch. du Couvent*. Faillon, *Mon. inéd.* II. 1061. — La terre de Roquebrune fut donnée avec sa haute, moyenne et basse justice ; le prieur Adhémar Fidelis la vendit en 1440.

(2) Faillon, *Mon. inéd.* I. 985. *Hist. de Jean de Boucicault jusqu'en 1408, escripte du vivant de l'aucteur.*

Les bâtiments réclamaient un entretien continuel à cause de leur situation. En 1416, l'archevêque d'Aix, Thomas de Puppio, vint à leur secours, en accordant quarante jours d'indulgence à ceux qui contribueraient de leur peine ou de leurs biens à la réparation de ces édifices (1) ; il fit même cette faveur à ceux qui simplement les visiteraient par dévotion.

La reine Yolande, comtesse de Provence, régente des états de Louis III, son fils, donna des preuves non équivoques de sa piété envers sainte Madeleine. Elle confirma d'abord les priviléges des religieux, mit leur couvent de la Sainte-Baume et de Saint-Maximin sous sa sauvegarde royale, et par un acte du 12 décembre 1419 fit don de 200 florins d'or de rente annuelle à la Sainte-Baume, à prendre sur les pêcheries de sa baronnie de Berre, pour l'entretien perpétuel de cinq religieux de l'ordre de saint Dominique, et de deux serviteurs séculiers, afin que l'office divin fût digne-

---

(1) *Arch. du Couvent.* Faillon, *Mon. ined.* II. 1087.

ment célébré en ce lieu (1) *sanctifié*, dit la charte, *tant par la pénitence de sainte Marie-Madeleine, que par la visite quotidienne des anges*. Elle ordonne, en outre, que l'un des cinq religieux soit vicaire de la Sainte-Baume, avec la pleine administration temporelle et spirituelle du lieu, sous l'institution et l'obédience toutefois du prieur de Saint-Maximin. Le 5 février suivant, en effet, une nouvelle charte enjoint de mettre en possession des biens de Berre le prieur de Saint-Maximin, André Abellon, de glorieuse et sainte mémoire, ainsi que le vicaire de la Sainte-Baume, Garcias de Falcibus ; ce qu'exécuta le bailli du lieu, *cum humili reverentiâ et quanta potuit instantiâ, genibus flexis, capite discooperto et inclinato....* (2).

---

(1).... *tam ejusdem Sanctæ Mariæ-Magdalenæ admirabili pœnitentia, quam angelorum diuturna visitatione, sanctificatum, et etiam consacratum*....... Charte de la reine Yolande. Faillon, *Mon. inéd.* II, 1074.

(2) Autre Charte de la reine Yolande. Faillon, *Mon. inéd.* II. 1078. Avec le bourdigue de Berre, connu sous le nom de Drignon, furent aussi assignés pour le même objet des coussous

Le B. André Abellon, cet éloquent et zélé serviteur de Dieu, ne manquait pas de venir souvent à la Sainte-Baume retremper son âme dans cette sublime solitude, à laquelle encore il ajouta le parfum de sa sainteté..

Le pape Martin V, et, après lui, Eugène IV, par sa bulle du mois de mars 1430, accorda un pouvoir spirituel considérable au Prieur : celui d'absoudre les pélerins qui allaient à Saint-Maximin ou à la Sainte-Baume, des cas réservés aux ordinaires du lieu (1). Sixte IV, à l'instance du roi Réné, et Innocent VIII, à la prière de Charles VIII, roi de France, lui confirmèrent le même privilége.

Il existait, pour ainsi dire, à cette époque, une généreuse émulation entre les princes pour doter cet asile de concessions nouvelles. Le roi Réné donna 25 émines de sel chaque année aux religieux de Saint-

---

d'Istres. La mise en possession en eut lieu peu de jours après ; en 1422 ces propriétés furent définitivement cédées au couvent avec tous leurs droits. (Actes aux archives du Couvent)

(1) *Recueil des Bulles de 1666.*

Maximin et de la Sainte-Baume, à prendre sur la gabelle de Toulon ; de plus, il renouvela leur exemption de tous impôts. Si Saint-Maximin eut une large part dans ses libéralités, la Sainte-Baume ne fut point oubliée, car il avait en grande vénération le lieu qu'avait habité la *benoîte Madelène*. Après une retraite spirituelle il y fonda une messe haute pour être chantée tous les jours (1438), à cause du respect qu'il porte à sainte Madeleine, dit la charte, et de la piété singulière, sincère et cordiale qu'il ressent pour le lieu de la Sainte-Baume, où, avec l'aide de Dieu, il vient de passer neuf jours en dévotion.... *Ob reverentiam beatæ Mariæ - Magdalenæ devotionemque singularem, quam ad locum balmæ suæ, diœcesis Massiliensis, puro corde gerimus (in quo diebus his proxime preteritis novenam unam dierum, Deo juvante, peregimus)*..... (1), et il donna, à cet effet, 200 florins par an.

Vers 1440, la reine de France, Marie

(1) Charte de Réné d'Anjou. Faillon, *Mon. inéd.* II. 1127.

d'Anjou, épouse de Charles VII et sœur de Réné, visita la Sainte-Baume, et signala son pélerinage par la fondation d'une nouvelle chapellenie, à l'entretien de laquelle elle assigna un revenu de 50 florins, à prendre sur le produit des moulins de la Bouisse, qu'elle fit acheter dans ce but par les Dominicains (1). Cette fondation porta à six, non compris les frères convers, le nombre des religieux préposés au service de la Sainte-Baume.

Le roi de France Charles VII vint aussi y accomplir son pélerinage. C'est à peu près vers cette époque que les bâtiments furent consumés par un violent incendie (2) ; et on aurait été très-certainement embarrassé pour les reconstruire s'il n'avait existé alors un puissant mobile dont les Souverains-Pontifes surent admirablement se servir dans l'intérêt des fondations utiles

---

(1) *Arch. du Couvent.* Faillon. II. 1131. Cette acquisition eut lieu au prix de 500 florins qu'elle leur fournit.

(2) Le feu fut si intense que les vases sacrés furent trouvés fondus. Les lingots qu'on en retira servirent à faire reconstruire les murs de clôture. *(Chron. du P. Reboul).*

ce sont les indulgences. Le pape Eugène IV à la sollicitation du roi Réné et de la reine de France, Marie d'Anjou, accorda, en 1442, indulgence plénière à l'article de la mort à quiconque travaillerait ou ferait travailler à la réparation de la Sainte-Baume ou à l'achèvement de l'église de Saint-Maximin, l'espace de trente jours s'il est riche ; vingt jours, s'il est d'une fortune médiocre, et dix jours s'il est pauvre (1).

Comme nous l'avons dit aussi ailleurs, peu de temps après le cardinal du titre de St-Martin-aux-Monts et le cardinal de celui des Sept-Dormants accordèrent l'un et l'autre cent jours d'indulgence à tous ceux qui feraient quelque aumône pour la réparation de la Sainte-Baume, et les bâtiments furent ainsi relevés de leur ruine (2).

Indépendamment des dons considérables faits par le roi Réné pour cette réparation, il y en eut aussi d'autres au nombre desquels celui de la dame Marguerite de

(1) *Arch. du Couvent.* Faillon, *Mon. inéd.* II 1175.

(2) Faillon, *Mon. inéd.* II. 1179.

Montauban, qui lui légua mille florins, en 1447 (1),

Ce fut en cette même année 1447 que Louis XI, n'étant encore que dauphin, à l'imitation de Charles VII, son père, et de Marie d'Anjou, sa mère, vint vénérer la retraite de sainte Marie-Madeleine, lui fit de grandes largesses, et ordonna la construction des arcades qui entourent l'autel principal de la grotte, où il plaça son écu, mi-parti de France et de Dauphiné, qu'il portait à cette époque. Parmi ses divers dons les historiens mentionnent celui des statues qui subsistent encore, et dont nous avons déjà parlé (2), et, plus tard, celui d'une rente de 1200 livres tournois, dont il explique l'emploi, par des lettres données en 1475, au Plessis-les-Tours : « C'est assavoir la somme de 7 à 800 livres en esdifi-

---

(1) Faillon, *Mon. inéd.* I. 999. — Le roi Réné donna encore 200 florins pour en achever le rétablissement. (1460).

(2) Bouche *Hist. de Prov.* II. t. X. — Description de la *Sainte-Baume*, par de Haitze, *Manuscrits de la Biblioth. de Marseille.* t. III. — *Chronique du P. Reboul*, aux archives du couvent.

ces, réparation et entretenement de l'église dudit Saint-Maximin et de la Baulme (1) »

C'est à peu près à cette époque qu'on rapporte la fondation d'un hospice par des marseillais dont le concours était alors immense (2).

Par lettres du mois de décembre 1483, Charles VIII confirma tous les priviléges accordés par les comtes de Provence. Les autres rois de France suivirent son exemple, et son successeur, Louis XII, approuva, en outre, les donations et les fondations faites par la reine Yolande en faveur de la Sainte-Baume, qui est *l'un des plus dévots lieux du monde,* dit la charte (3).

XVI° SIÈCLE. — Le XVI siècle vit aussi accourir d'illustres pélerins dans ce mystérieux asile. En 1503, la reine Anne de Bre-

---

(1) *Arch. du Couvent.* Faillon. II. 1318. Cette rente devait être prise sur la recette ordinaire de Nîmes et de Beaucaire, elle fut réduite plus tard à 120 livres.

(2) *Description de la Sainte-Baume,* par de Haitze, *Manuscrits de la Biblioth. de Marseille.* Faillon. *Mon. inéd.* 1. 1001.

(3) Donnée à Blois, le 22 septembre 1512.

tagne, épouse de Louis XII, y vint avec les sentiments de la plus haute piété (1).

François 1ᵉʳ visita deux fois la Sainte-Baume : la première fois, à son retour d'Italie, en 1516, il y vint en action de grâces, pour le succès de la bataille de Marignan, accompagné de la reine Claude, sa femme, de Louise de Savoie, sa mère, et de sa sœur Marguerite, duchesse d'Alençon, depuis reine de Navarre. Il ordonna la réparation de *l'église de la Sainte-Baume où la benoiste Madelène faisoit sa pénitence, et le logis et couvent des frères qui y sont lequel est fort caduc et démoli* (2).

L'hospice fut reconstruit sur la voûte qui précédait la terrasse, et on plaça sur la porte d'entrée cette inscription ✟ *François 1ᵉʳ*, 1515 (3), avec les armes de France.

L'entrée de la grotte fut décorée dans le style de la Renaissance. On sculpta sur un bas-relief du fronton sainte Madeleine transportée par les anges, saint François

---

(1) Les Historiens de Provence.
(2) *Lettres patentes données à Saint Maximin.*
(3) Sa visite ayant eu lieu le 21 janvier.

d'Assise et saint Louis patrons du Roi et de la reine mère, qui s'y firent aussi représenter à genoux. On voyait encore dans cette ornementation, avec des chiffres couronnés de François 1ᵉʳ, un écu aux armes de France et un autre mi-parti de France et de Savoie (1).

François I vint, pour la seconde fois, à la Sainte-Baume, en 1533, à l'époque de son voyage à Marseille pour recevoir le pape Clément VII, à l'occasion du mariage de Catherine de Médicis, nièce de ce Pontife, avec son fils, Henri d'Orléans. Eléonore d'Autriche, sa seconde femme, ainsi que le dauphin, Henri, et le duc d'Angoulème, y vinrent aussi dans cette circonstance (2).

François I avait une singulière dévotion en la glorieuse Marie-Madeleine, qui *au dit lieu fit sa pénitence l'espace de trente*

---

(1) De Haitze. Faillon. — Chronique du P. Reboul. — Il fit donner pour cet objet 3033 florins par le fermier général des Sels de la ville d'Hyères ; plus tard il ajouta encore 1333 florins, pour les abords de la Sainte-Baume et pour les travaux de clôture.

(2) Bouche, *Hist. de Prov.* II. I. X.

ans et plus, ainsi qu'il le dit dans sa charte de confirmation de la donation du roi Réné.

En 1538, il mit la forêt sous sa sauvegarde royale, et renouvela les prohibitions de ses prédécesseurs à l'égard de tous arbres, pour quelque cause que ce fût (1).

Henri II, Charles IX et Henri III firent les mêmes défenses à ce sujet dans des termes très-énergiques (2).

Charles IX vint à la Sainte-Baume, en 1564, avec Catherine de Médicis, sa mère, et le duc d'Anjou, son frère, connu plus tard sous le nom de Henri III (3). « Le

---

(1) *Arch. du Couvent*. Faillon. *Mon. inéd.* II. 1410.

(2) Charles IX défendit à ses capitaines de *couper bois pour faire galères, navires et autres vaisseaux de mer*. — Il prescrivit de laisser *intacte toute la forêt de la Sainte-Baume, pour la décoration du lieu, où de toute part y abondent personnes*. Lettres-patentes de Charles IX données à Arles, le dernier jour de novembre 1564. *Arch du Couvent*. Faillon, *Mon. inéd.* II. 1431.

(3) Selon Bouche, le roi de Navarre qui fut plus tard Henri IV, accompagnait aussi Charles IX. C'est cette assertion qui a fait inscrire le nom de ce prince dans la grotte parmi ceux des visiteurs royaux.

» mercredi, 25 dudit mois d'octobre, le
» Roi alla passer de fort haultes et fâcheu-
» ses montagnes, pour aller dîner à la
» Sainte-Baume, qui est une petite abbaye
» de religieux, qui est ancrée au milieu
» d'un rocher fort hault et est le lieu où
» saint Madeleine faisait sa pénitence (1). »

Il loua grandement, dit l'historien Nostradamus, *la solitude de ce lieu et le choix que cette grande saincte avait fait de cette creuse et humide roche.*

Dans ce même siècle on a aussi conservé le souvenir du pélerinage d'Isabelle d'Este, duchesse de Mantoue, qui l'accomplit en 1517.

Le culte de cette grotte était donc l'objet d'une grande et universelle vénération. Ses richesses avaient plus d'une fois aussi excité de coupables convoitises.

En 1580, sous Henri III, des déprédations considérables y furent commises ; aussi le parlement ordonna, en 1587, la construction d'un pont levis à l'entrée de l'hospice.

(1) Pièces pour servir à l'Histoire de France, t. I. p. 1. — Bouche. *Hist. de Prov.* Faillon. *Mon. inéd.*

Néanmoins elle fut de nouveau pillée en 1592 (1).

XVIIᵉ Siècle. — Il serait trop long d'énumérer les pélerinages de toutes les personnes de distinction qui eurent lieu durant le cours du XVIIᵉ siècle. On tenait autrefois à la Sainte-Baume un journal, qui a été détruit à l'époque de la Révolution, où l'on écrivait les noms des visiteurs illustres : le nombre en fut considérable. Nous ne citerons que ceux qui ont laissé des traces de leur passage par de pieuses largesses. C'est ainsi que nous croyons devoir men-

---

(1) *Arch. du Couv.* Faillon. *Mon. inéd.* I. 1053. Les méfaits commis en 1580, furent attribués à un homme de guerre célèbre en Provence durant la Ligue, Puget de saint Marc qui était venu prendre position en ce lieu depuis quelques années, par ordre du grand prieur de France ; il fut même accusé d'avoir fait mettre le feu aux bâtiments ; aussi le Parlement le condamna-t-il à payer 800 écus d'or tant pour ces excès que pour le meurtre du P. Odoul, syndic du couvent de Saint-Maximin, auquel on crut qu'il était étranger. Une partie de cette somme fut employée à des vases sacrés et à une grande croix d'argent, en expiation de ce forfait. (*Chronique du P. Reboul* et autres documents des archives du couvent. Voir notre monographie. Au pillage de 1592 il y eut 14 inculpés, au nombre desquels, divers religieux.

tionner le pélerinage de Charles Gonzague de Clèves, duc de Nevers, dans la suite prince souverain de Mantoue, qui, envoyé par le roi de France en ambassade au pape Paul V, s'arrêta à la Sainte-Baume, et y fonda une lampe pour brûler à perpétuité au lieu de la Pénitence (1).

Une autre lampe, la plus belle de toutes, était une fondation du maréchal de Vitri,

---

(1) Une inscription faisait foi de cette fondation :

D. O. M.

Carolus Gonzagus de Cleves, dux Nivernensis et summus Mantuanensis Princeps, à christianissimo Francorum Rege Henrico IV, ad Summum Pontificem Paulum V legatione extraordinaria missus, dum in sacrum hoc antrum pœnitentiæ Beatæ Magdelenæ divertisset, loci sanctitate tactus, devotionis gratia, lampadem hanc argenteam perpetuo arsuram... B. M. Madalenæ dicavit, anno domini M. D. C. VIII. in festo Omnium Sanctorum, curamque lampadis conficiendæ commisit nobili ac multa pietate prædito D. D. Balthasaro de Ponteres, qui, re diligenter ac fideliter completa, ad sacram Speluncam lampadem hanc appendit et accendit in festo Purificationis Beatissimæ Mariæ Virginis, anno Domini M. DC. IX.

Vers cette époque, Horace Capponi, évêque de Carpentras, administrateur du Comtat Venaissin pour le pape Clément VIII, fit aussi placer

gouverneur et lieutenant général pour le roi au pays de Provence.

La troisième était celle du marquis d'Effiat, messire Antoine Ruzé, grand-maître de l'artillerie, qui voulut ainsi témoigner sa reconnaissance envers sainte Madeleine, après la prise de La Rochelle (1).

---

une inscription pour exprimer ses sentiments de piété envers ce saint lieu :

*Ad sanctam
Mariam Magdalenam
Quæ tua tam rite hic lacrymis errata lavisti,
Fac talis culpas abluat unda meas.
Angelici cantus vivens ni digner honore,
Spes mihi sit saltem perfruar ut moriens.
Horatius Capponius Florentinus, episcopus Carpentoractensis, Rector comitatus Venayssini a Clemente VIII pont. Max. etiam pacis et catholicæ religionis in hoc regno instauratore creatus. Post SS. Annæ et Mariæ Magdalenæ devotionis ergo visitatas veneratasque reliquias, istud venerandum invisens antrum, ibi quoque sacrum faciens, timore, tremore, amore repletus, hasce meditabatur preces, quas deinde ut etiam absens perpetuo funderet, ad tantum pœnitentiæ monumentum transmisit. M. DC.* — Manuscrits de de Haitze, *description de la Sainte-Baume.* — Faillon, *Mon. inéd.* I. 1055.

(1) Les débris de l'inscription qui fut placée à cette occasion subsistent encore :

La quatrième, celle du comte ou prince de Diechistin, seigneur allemand, majordome de l'empereur.

La cinquième était due à Louis Duchaisne, évêque de Senez.

La sixième, au sieur de Gerenton, seigneur de Châteauneuf, et la septième à Marc-Antoine Mazenot, seigneur de Pavesin, ancien échevin de Lyon, et à Etiennette de Berton, son épouse (1).

Messire Antoine Ruzé, marquis d'Effiat et de Longemeau, chevalier des ordres du Roy, conseiller en ses conseils, gouverneur et lieutenant-général pour sa Majesté en la province de Touraine, grand-maître de l'artillerie, et surintendant des finances de France ; après avoir fidèlement servi le Roy Louis treizième en la fonction des charges ci-dessus pour remettre La Rochelle et les autres villes rebelles de ce Royaume en l'obéissance de Sa Majesté ; pour marque de sa dévotion envers ce saint lieu, envoya la lampe ci-enclose qu'il a fondée pour brusler à perpétuité. ainsi qu'il est porté par le contract passé par devant maistre David Poncy, notaire royal à Marseille, le dix-sept juillet mil six cent vingt-neuf.

(1) Ainsi que le constate l'inscription suivante qui existe aussi :

Anno salutis M. DC. LXVII. X novembris, nobilis Marcus Antonius Mazanot, urbis Lugdunensis ex-consul, et Stephania de Berton ejus uxor, Beatæ Mariæ Magdalenæ quondam hujus loci incolæ, lampadem ar-

Ces sept lampes, indépendamment des quatorze autres (1) placées en ce lieu, brûlaient nuit et jour pour honorer ce saint asile ; et si nous nous arrêtons à ces détails infimes, c'est pour faire connaître l'universelle piété dont la Sainte-Baume était l'objet dans les siècles passés (2).

genteam, suis ornatam gentilitiis insignibus, votivum pietatis anathema appenderunt, diu noctuque igne vigili illustrandam, hanc in rem perpetuo censu addicto, ut patet ex conventione cum Priore hujus conventus.
Cette inscripton et la précédente avaient été replacées en 1839, sur le parapet de la grotte, par les soins des frères Bosc d'Auriol.

(1) « ... Des quatorze autres lampes qui ne sont point entretenues, il y en a neuf dont les auteurs sont une duchesse de Nevers : Gui Hurault de l'Hôpital, alors évêque d'Augustopolis et coadjuteur d'Aix ; Nicolas seigneur de Vernaut, secrétaire du prince Thomas de Savoie ; un conseiller au parlement de Toulouse ; un seigneur de Ramatuelle ; Mathieu Perrin, de la ville d'Aix, commissaire des vivres sur les galères du roi ; la dame de Château-Neuf, de Savornon, en Dauphiné ; la dame du Vernet, et les habitants de la ville du Saint-Esprit, en Languedoc. Ces lampes, entremêlées avec quantité de précieux bijoux, consacrés par les fidèles, forment une riche couronne autour du réduit de la pénitence. » De Haitze, *description de la Sainte-Baume, manuscrits de la bibliothèque de Marseille.*

(2) Le P. Reboul dans sa chronique du couvent

En 1646 eut lieu aussi le pélerinage de François de Créqui, duc de Lesdiguière, gouverneur du Dauphiné, qui fit exécuter la riche réparation de l'autel principal. (1) C'est alors que dut être placé le bas-relief en bronze doré qui surmontait cet autel, et qui figurait sainte Madeleine transportée par les anges. Quatre statues le décorèrent aussi : celles de saint Dominique, de sainte

ne manque pas d'enregistrer avec d'autres lampes encore, un grand nombre d'objets divers donnés à la Sainte-Baume. — Il existe plusieurs inventaires de meubles et ornements conservés dans les archives, dont l'un du 9 Novembre 1577, un autre du 15 novembre 1597, un troisième du 31 juillet 1600. Le dernier inventaire des bijoux qui ait fixé notre attention est de 1740, dressé par le P. Portales. — En 1610, un anglais, Thomas Mathieu, fit don d'un tableau très-remarquable, figurant la sainte Vierge, l'enfant Jésus dans ses bras, ayant à sa droite sainte Madeleine vêtue de ses cheveux et à sa gauche saint Dominique. Ce tableau fut plus tard apporté à Saint-Maximin; une copie en subsiste encore. (chronique du P. Reboul.)
— De nombreuses fondations de messes eurent aussi lieu, entre autres celle de Joachim de Quincé, maréchal de camp des armées du roi, en 1648 et celle du duc de Longueville en 1657. La duchesse de Longueville en 1660 ajouta 100 livres à la fondation de son mari... etc.

(1) Il le fit sculpter à Gênes.

Catherine de Sienne, de saint Thomas d'Aquin et de sainte Agnès de Montepulciano. En 1674, la princesse de Modène, à son retour d'Angleterre, après le mariage de sa fille Marie d'Este avec le duc d'York, qui fut plus tard roi d'Angleterre sous le nom de Jacques II, vint à la Sainte-Baume avec un grand cortége. D'après le P. Reboul, elle avait à sa suite plus de cent cavaliers et une quinzaine de litières. Elle fit de nouvelles libéralités et de grandes aumônes.

L'annee d'après, ce fut la duchesse de Florence, fille de Gaston d'Orléans qui s'y rendit pour faire ses dévotions et qui y fut reçue avec grand honneur.

N'omettons point, toutefois, dans ce siècle, le pélerinage de Louis XIII, qui eut lieu le 6 novembre 1622. Après le siége de Montpellier et la soumission des religionnaires du Languedoc, ce prince vint en personne rendre ses actions de grâce à sainte Madeleine, dont il avait avec grande confiance imploré l'intercession pour repousser les Calvinistes.

C'est sous son règne qu'un évènement

célèbre, dont tous les historiens de Provence ont longuement parlé, se passa à la Sainte-Baume, en 1610 et 1611 : l'exorcisme de la demoiselle de La Palud et de sa compagne, Louise Cappeau, toutes deux possédées.

On crut Madeleine de La Palud ensorcelée par un prêtre bénéficier de l'église des Accoules, de Marseille, nommé Gaufridi. Le P. Michaëlis, prieur du couvent de Saint-Maximin, procéda aux exorcismes. Le parlement de Provence connut de cette affaire pour les faits de sa compétence, et après examen et informations prises à l'égard des divers chefs d'accusation, Gaufridi fut condamné *à être ars et brûlé tout vif sur un bûcher jusques à ce que son corps et ossements soient consumés et réduits en cendres, et icelles après jetées au vent...... comme un coupable de rapt, séduction, impiété, magie, sorcellerie et autres abominations* (1).

(1) Extrait du livre du P. Michaëlis : *Histoire admirable de la possession et conversion d'une pénitente, séduite par un magicien, la faisant sorcière et princesse des sorciers au*

L'exécution eut, en effet, lieu le dernier avril 1611.

Au milieu du XVII° siècle, dans les troubles qui agitaient à cette époque le pays, sur les bruits que les ennemis du roi et de la province voulaient surprendre la Sainte-Baume, des soldats y furent placés en garnison, pour veiller à la sûreté des lieux ; deux fois le complot fut formé de s'en emparer : une première fois par le S. de Lamanon qui avait conçu ce coupable projet et la seconde fois par un prêtre nommé Allégre, qui, travesti en femme et aidé de plusieurs complices de sa faction, tenta,

---

païs de Provence, conduicte à la Saincte-Baume pour y être exorcizée l'an M.DC.X. du mois de novembre, soubs l'authorité du R. P. F. Sébastien Michaëlis, prieur du couvent royal de la Saincte Magdeleine à Sainct-Maximin et dudict lieu de la Saincte-Baume, etc...... Paris, M.DC.XIIII.

Le P. Michaëlis, cet esprit si éminent, a été pour ce fait bien légèrement jugé par divers historiens de nos jours.

On sait que ce pieux religieux, natif de saint Zacharie, établit dans son ordre une réforme célèbre suivie par le couvent de Saint-Maximin ; c'est aussi lui qui renouvela, à la Sainte-Baume, l'usage pour les pèlerins de l'abstinence d'aliments gras.

le 18 février 1632, cette criminelle entreprise ; mais il ne tarda pas à être arrêté et fut condamné à mort par le parlement (1).

La Sainte-Baume demeura fermée pendant près d'un an, pour éviter toute surprise, à cause des troubles qui régnaient dans la province.

Le dernier roi de France qui soit venu vénérer la sainte retraite de Marie-Madeleine est Louis XIV. Ce prince s'y rendit, le 5 Février 1660, avec Anne d'Autriche, sa mère, le duc d'Anjou, son frère, connu plus tard sous le nom de duc d'Orléans, et une brillante suite. Ce dut être un beau spectacle que celui de la première cour du monde gravissant les sentiers rapides de la montagne avec un magnifique cortége et l'immense foule qui l'accompagnait. Le

---

(1) Archives du couvent de Saint-Maximin. — Diverses pièces à ce sujet : 1° Supplique adressée à l'assemblée générale des communautés par les religieux pour demander le remboursement à la province des dépenses faites par eux à cette occasion. 2° Attestation des hommes envoyés en garnison à la Sainte-Baume. 3° Sentence prononcée par le parlement, contre Pierre Allègre. Il fut pendu et ses complices condamnés aux galères.

Roi monta à cheval jusqu'au Saint-Pilon par un temps assez froid, tandis que la Reine-Mère était portée à la grotte. Les religieux reçurent processionnellement Leurs Majestés, qui, après avoir satisfait leur dévotion, retournèrent à Saint-Maximin (1).

---

(1) Les historiens de Provence. — Après la mort de sa mère, le Roi, en souvenir de la piété d'Anne d'Autriche envers sainte Madeleine, fonda dans cette grotte six messes de *Requiem* pour le repos de son âme et assura une rente pour cette fondation. Une inscription en faisait mention :

L'an M. DC. LXVIII et le XVI du mois de juin, Louis XIV, par la grâce de Dieu, roi de France et de Navarre, voulant témoigner sa piété envers la feue dame reine Anne d'Autriche mère de Sa Majesté, a fondé dans cette église de la Sainte-Baume, six messes à perpétuité, pour le repos de son âme, pour être célébrées, une le 20 de chaque mois de janvier, jour du décès de ladite dame reine, et les cinq autres le lendemain des fêtes de la Purification, Annonciation, Assomption, Nativité de la Sainte-Vierge et de Sainte Madeleine, avec un LIBERA *et un* DE PROFUNDIS *et l'oraison propre :* QUÆSUMUS, DOMINE, PRO TUA PIETATE *à la fin de chacune d'icelles. Pour lesquelles messes Sa Majesté très-chrétienne a donné trois cents soixante livres qui ont été mises en fonds : et a voulu que cette lame de cuivre, faisant mention d'icelle fondation, fût posée en ce*

Les bâtiments de la Sainte-Baume ont été plus d'une fois la proie des flammes : en 1683 l'hôtellerie fut encore consumée, et peu d'années après elle fut reconstruite presque en entier, telle qu'elle a existé jusqu'à l'époque de la Révolution.

Les personnages de distinction étaient logés au couvent, dans une salle appelée Chambre du Roi, ornée des portraits des papes et des souverains qui avaient visité la Sainte-Baume (1).

Il y avait aussi un asile gratuit pour les pauvres qui se présentaient, et qui recevaient des vivres au couvent.

Le nombre des pélerins était toujours considérable. De Haitze rapporte que de

---

lieu éminent et visible près l'autel de cette chapelle, afin qu'elle ne puisse être oubliée à l'avenir. Manuscrit de de Haitze, *description de la Sainte-Baume.* — Faillon. I. 1106.

(1) Il y avait 12 cellules au couvent et 5 chambres. L'une d'elles avait été meublée par l'évêque d'Orange, Hyacinthe Serroni, de l'Ordre des Fr. Prêcheurs, qui fut dans la suite premier archevêque d'Albi. Ses armes étaient peintes sur la porte. Une autre avait été décorée par le S^r d'Avignon, gouverneur de la citadelle de Marseille.

son temps, à la solennité de la Pentecôte, on comptait jusqu'à 3,000 communiants (1).

XVIIIe Siècle. — Au XVIIIe siècle les pélerinages illustres semblent devenir plus rares. On compte à peine, parmi les personnages appartenant aux familles princières, la duchesse de Parme, qui y vint, en 1749, accompagnée de sa fille l'infante Marie-Isabelle (2).

En 1750, Louis XV confirma, pour la dernière fois, les priviléges du couvent, car le temps n'était pas éloigné où les priviléges et le couvent lui-même allaient disparaître sous le souffle de la Révolution. En effet, après la suppression des monastères en 1790, la Sainte-Baume fut déclarée immeuble national, et les religieux furent forcés de quitter cette sainte demeure. L'un d'eux toutefois, le P. Saens, vieil-

(1) *Manuscrit de la Biblioth. de Marseille. Description de la Sainte-Baume.* — Une coutume immémoriale obligeait les compagnons du devoir, appartenant à certaines corporations, à visiter la Sainte-Baume et l'église de Saint-Maximin. Cet usage s'est conservé jusqu'à nos jours.

(2) Faillon, *Mon. inéd.* I. 1114

lard octogénaire, qui y avait résidé près de soixante ans, ne l'abandonna qu'à l'époque de la Terreur, et vint alors habiter Nans, où il mourut peu de temps après.

En 1793, la Sainte-Baume fut pillée et profanée : Barras et Fréron firent mettre le feu aux bâtiments. Les objets qui échappèrent à l'incendie furent précipités du haut de la terrasse ; et pour effacer tout souvenir de ce repaire de la *superstition et du fanatisme*, des parodistes de l'antiquité voulurent même changer son nom et lui substituèrent celui de *Thermopyles* ; mais le peuple n'adopta jamais cette classique dénomination et lui conserva toujours celle que la piété des siècles lui avait donnée.

Cet asile fut délaissé pendant tout le cours de la Révolution ; à peine quelques rares visiteurs s'y rendaient-ils encore à de longs intervalles pour admirer en secret la beauté du site ou pour rêver sur des ruines ; toutefois la forêt ne fut pas trop dégradée, et la grotte de sainte Madeleine était un monument que le vandalisme des hommes ne pouvait détruire. Aussi, quand les temps de désordre furent passés, insensiblement l'on reprit le chemin de la sainte retraite.

XIX⁰ Siècle. — Sous le premier empire, M. l'abbé Guigou, mort évêque d'Angoulème, rétablit un humble autel dans la grotte, et l'on recommença à s'y rendre, car l'ardente foi provençale en la protection de sainte Madeleine n'était point éteinte ; l'affluence des pélerins y devenait chaque année plus grande ; en 1814, après la rentrée des Bourbons, une foule immense s'y porta le lundi de la pentecôte et le 22 Juillet, fête patronale de sainte Madeleine. Pendant les Cent-Jours, des bandes indisciplinées ravagèrent de nouveau ce pieux asile ; mais en 1816 il redevint encore l'objet de l'enthousiasme populaire ; les reliques de sainte Madeleine y furent transportées en grande solennité (1). Peu d'années après, M. Chevalier, préfet du Var,

(1) M. le Comte de Villeneuve Bargemon, préfet des Bouches-du-Rhône lut, l'année suivante, dans une séance publique de l'Académie de Marseille, une intéressante notice sur la Sainte-Baume, dont la publication excita le zèle des provençaux pour le rétablissement de ce lieu célèbre.

s'occupa activement de la restauration de la Sainte-Baume. Le ministre de l'interieur, M. le comte Siméon, en sa qualité de provençal, seconda ce projet; le roi et les princes l'accueillirent avec faveur(1), et l'on vit bientôt cette grotte célèbre appropriée d'une manière décente à son culte renaissant ; on reconstruisit alors avec la décoration de la porte d'entrée l'autel principal, et cette sorte de ciborium dont nous avons précédemment parlé.

Une ordonnance royale, en date du 20 février 1821, érigea la Sainte-Baume en chapelle vicariale, et une autre du 14 mars suivant réunit à cette chapelle les terrains adjacents, bâtiments et dépendances *pour le tout être affecté au service divin* (2).

---

(1) C'est par les soins de M. Chevalier, préfet du Var, que des souscriptions furent ouvertes à cette fin : Louis XVIII alloua des fonds sur sa cassette et par le concours généreux d'une multitude de fidèles, les travaux nécessaires à l'exercice du culte purent être activement exécutés.

(2) Déjà en 1829 la chapelle de la Sainte-Baume avait été officiellement rétablie par l'autorité ecclésiastique et attribuée au recteur du Plan-d'Aups, avec charge de l'approprier au

— 123 —

C'est après cette restauration des lieux, qu'au mois de mai 1822, à la seconde fête de la Pentecôte, M. de Baussset, archevêque d'Aix, vint en faire la bénédiction au milieu d'un innombrable concours de visiteurs ; (1) M. le préfet du Var et M. le baron de Damas, commandant la division militaire, assistèrent officiellement à cette solennité. Un clergé nombreux s'y pressait et les processions des villages voisins y accoururent de toute part ; la châsse de sainte Madeleine, décorée de guirlandes de roses blanches, y fut de nouveau apportée de Saint-Maximin en grande pompe et les derniers témoins de cette fête

culte ; mais comme témoignage de vénération pour un lieu si souvent visité par les Rois de France la Sainte-Baume devait être érigée sous la Restauration en chapelle royale. Plus tard, en 1858, sur l'initiative de M. Mercier-Lacombe préfet du var, le conseil général de ce département reprit la même pensée et émit le vœu qu'elle fût érigée en chapelle impériale. Ce vœu fut aussi sans résultat.

(1) La Sainte-Baume, qui, jusqu'à la Révolution se trouvait comprise dans le diocèse de Marseille, fut attribuée au diocèse d'Aix, par le concordat de 1802. Ce n'est qu'en 1823, que fut rétabli l'évêché de Fréjus, dont elle fait partie depuis cette époque.

magnifique et populaire en redisent encore aujourd'hui l'enthousiasme et l'éclat.

Quand l'archevêque d'Aix eut achevé la célébration du saint-sacrifice, il s'avança sur la terrasse, recouverte d'un portique de verdure et de fleurs, et après de touchantes paroles, se penchant vers l'abîme, il donna la bénédiction du saint Sacrement à toute la foule éparse dans la forêt ; ce dut être un bien beau spectacle que cette solennelle bénédiction dans ce site grandiose, au milieu des merveilles d'une nature gigantesque et en présence d'une foule immense qui remplissait la montagne de ses bruyantes clameurs (1).

Il restait encore à réédifier les bâtiments ; au moyen de fonds alloués par le conseil général du Var, on éleva le presbytère actuellement existant et récemment rema-

---

(1) M. l'abbé de Villeneuve, mort évêque de Verdun, a consigné tous les détails de cette touchante cérémonie dans une intéressante relation, et bientôt après, sous les auspices de M. Chevalier, préfet du Var, fut publié un Album de la Sainte-Baume, accompagné d'un court extrait de la notice de M. le comte de Villeneuve-Bargemon, préfet des Bouches-du Rhône.

nié par les PP. Dominicains qui en ont fait leur demeure (1). Une autre construction avait éte aussi projetée pour servir d'hospice aux voyageurs, mais elle ne fut point exécutée et ce n'est que depuis quelques années qu'on y a édifié un asile provisoire pour les pélerins (2).

(1) Ce bâtiment ne fut terminé qu'en 1826.
(2) L'état de la Sainte-Baume, tel qu'il était à l'époque de la prise de possession par les religieux dominicains a été dépeint avec une grande vérité de couleur par la plume éloquente du P. Lacordaire : « Tout cela est debout encore, mais pauvre, nu, désolé, tout couvert des cicatrices du siècle qui s'est plu aux ruines, comme les autres s'étaient plu dans l'édification. On ne monte à la Sainte-Baume que par des degrés de pierre mutilés, entre des murs croulants ; la chambre des rois de France a disparu, et le pélerin le plus humble trouve à peine un abri pour se reposer du chemin. L'hospice n'a conservé que les trous ou s'appuyaient dans le roc les solives de la charpente ; le Couvent, restauré à la hâte, n'offre aux religieux que des cellules séparées par des planches, et qu'ils partagent avec l'étranger. Entre ces deux débris s'ouvre la grotte de la Pénitence, vide elle-même des ornements qu'elle devait à la piété séculaire des peuples et des princes. Les lampes splendides qui l'éclairaient n'y brillent plus que par cette absence dont parle Tacite. Des marbres sans gloire y forment la chapelle de la Sainte, et derrière son autel, sur cette roche

Peu de temps après la restauration de la grotte, les Trappistes vinrent fonder à la Sainte-Baume une de leurs colonies ; deux d'entr'eux étaient chargés d'exercer l'hospitalité envers les voyageurs, tandis que les autres avaient leur résidence sur les limites de la forêt, à l'ancienne ferme des Pères (1). Nous nous souvenons encore avoir vu ces saints religieux arroser de leur sueur ce sol dont la culture demandait des

mystérieuse, où se passaient ses veilles et ses extases, repose à demi-couchée une statue profane, indigne au premier chef de la majesté du lieu dont elle contriste tous les souvenirs. »
(Sainte Marie-Madleeine, épilogue.)

(1) Cette métairie fut donnée au couvent des Dominicains en 1515 par un prêtre de Saint-Maximin nommé Etienne Candole, pour la fondation perpétuelle d'une messe ; elle avait été achetée quelques années auparavant d'un habitant d'Auriol. La taille en était payée à la communauté du Plan-d'Aups et la cense à l'abbé de Saint-Victor comme Seigneur du lieu. — (Acte de donation du 15 novembre 1515. not. fabrici, à Saint-Maximin) Vendue à l'époque de la Révolution, elle est aujourd'hui retournée en la possession des RR. PP. Dominicains.
(V. notre *monographie du couvent*)

Le président de Beaumont avait aussi donné diverses terres attenant à cette métairie pour fondation de messes.

efforts inouïs et qu'ils ont été dix ans après obligés d'abandonner, laissant leurs constructions inachevées, et la tombe de plusieurs d'entr'eux.

Un simple gardien, adjudicataire du lieu, leur succéda (1). Les RR. PP. capucins aussi, auxquels avait été confié le service de ce sanctuaire, n'y sont restés que deux ans.

Mais Dieu, dans ses desseins éternels, préparait une magnifique résurrection à ce lieu vénéré.

Après beaucoup de ruines et 70 ans d'exil, les religieux Dominicains, répondant à l'appel de Monseigneur Jordany, évêque de Fréjus et Toulon, en même temps qu'ils rétablissaient leur ancien couvent de Saint-Maximin, sous la conduite du P. Lacordaire en 1859, sont venus reprendre possession de la Sainte-Baume, qu'ils avaient occupée pendant cinq cents ans.

---

(1) Au mois de janvier 1851, le double assassinat de ce gardien et de sa sœur est venu troubler le calme de cette pieuse retraite.

Il y a véritablement quelque chose de providentiel dans cette double restauration. Aujourd'hui comme au XIIIe siècle l'ordre illustre des Frères Prêcheurs est revenu fournir encore sa milice d'honneur au tombeau de sainte Madeleine, ainsi qu'à la grotte de sa pénitence (1).

Voilà les faits dans toute leur aridité; néanmoins ils sont assez éloquents pour attester le respect des âges envers cette majestueuse solitude; puisse-t-elle revoir la splendeur de ses anciens jours !

Gardiens séculaires de la Sainte-Baume, les enfants de saint Dominique font revivre les saintes traditions du passé en donnant un lustre nouveau à cet antique pélerinage. Sachons comprendre les voies de la Provi-

---

(1) Depuis le rétablissement de ces religieux divers pélerinages ont amené un grand concours de visiteurs à ce lieu vénéré. nous mentionnerons tout particlièrement celui du 21 mai 1860, après la translation des reliques de sainte Madeleine dans leur nouveau reliquaire. A cette occasion, la plupart des évêques qui assistaient à cette solennité se joignirent à Mgr Chalandon ardhevêque d'Aix, dans son ascension à la sainte montagne, et une foule d'élite ne manqua pas de les accompagner.

dence, et entourons de toute notre vénération cet asile consacré par tant de glorieux souvenirs !

FIN

TABLE

Aux Visiteurs de la Sainte-Baume . 5

NOTICE SUR LA SAINTE-BAUME

I — Tradition 9
II — Description 31
III — Histoire de la Sainte-Baume . 73

Marseille. -- Imp. St-Joseph, rue Ste-Pauline 2 a.